토익
800+
필수보카

토익 800+ 필수 보카

지은이 넥서스 토익연구소
펴낸이 임상진
펴낸곳 (주)넥서스

초판 1쇄 발행 2010년 1월 5일
초판 2쇄 발행 2010년 1월 10일

3판 1쇄 발행 2022년 3월 30일
3판 4쇄 발행 2024년 10월 14일

출판신고 1992년 4월 3일 제311-2002-2호
10880 경기도 파주시 지목로 5
Tel (02)330-5500 Fax (02)330-5555

ISBN 979-11-6683-238-3 13740

www.nexusbook.com

토익
800+
VOCA
필수보카

넥서스 토익연구소 지음

넥서스

PREFACE

토익을 처음 시작하거나 기업체에서 근무하며 토익 점수를 따야 하는 사람들은 어떻게 해야 청취, 문법, 어휘, 독해 문제를 잘 풀어 고득점을 얻을 수 있을까를 한 번쯤은 고민해 봤을 것이다. 이 모든 영역에 있어서 관건은 시험에 자주 등장하는 빈출 어휘와 핵심 어휘를 얼마나 알고 있느냐 하는 것이다.

어휘 실력만 탄탄해도 청해 문제가 귀에 쏙쏙 들어오고, 문법 및 독해 문제도 술술 풀린다. 아는 어휘 몇 개만으로도 외국인과 대화가 된다든지 혹은 도무지 무슨 말을 하는지 알지 못했던 영어 뉴스에서 영어 단어를 한두 개 알아들었을 때의 그 기쁨은 경험한 사람만이 알 수 있는 희열일 것이다.

나는 청해도 되고 독해도 대충 되는데, 모르는 어휘가 많아서 정답 사이로 비켜 간다는 수험생들이 있다면 본 책으로 토익 혁명을 일으키자. 한 달 안에 100점씩 올리겠다는 각오로 매일 30개씩 듣고 외워 보자. 확실히 LC와 RC를 한꺼번에 UP시킬 수 있을 것이다.

본 책은 토익 어휘 전략서로 한 달 안에 100점은 거뜬히 올릴 수 있도록 10년 동안 출제되었던 최다 빈출 어휘와 함께 파생어, 동의어, 연어, 기출 표현, 그리고 토익 시험과 유사한 예문 등을 담아 놓았다.

영미 발음을 함께 들으면서 토익 핵심 어휘를 문맥 안에서 자연스럽게 암기할 수 있으며, 제공되는 영국식 발음과 비교하여 발음의 차이를 느낄 수 있다. 언제 어디서나 듣고, 보는 학습을 동시에 한다면 최단기간에 토익 만점을 향한 꿈은 이루어지리라 확신한다.

넥서스 토익연구소

1 목표 점수에 딱 필요한 단어만 외우는 점수대별 필수 보카
- 최근 10년간 기출 문제를 철저하게 분석하여, 빈출 어휘를 표제어와 주요 파생어로 정리
- 실제 토익 시험에서 등장한 문장을 응용한 예문도 함께 수록

2 1주일에서 20일까지 자신의 스케줄에 맞춰 가볍게 끝내는 보카
시간이 없어 빨리 끝내고 싶으면 1주일 만에 집중해서, 시간을 갖고 꼼꼼하게 보고 싶다면 20일 동안 천천히 끝낼 수 있는 경제적인 보카 암기

3 독학용 무료 학습 자료 (www.nexusbook.com)
- 표제어와 예문을 각각 미국식과 영국식 발음으로 2번 녹음하여 비교 학습할 수 있도록 구성한 MP3
- 책에서 암기한 표제어를 완벽하게 마무리하는 추가 어휘 테스트
- 실제 시험보다 2배속으로 빠르게 들으며 어떠한 시험 환경에도 완벽 대비하는 청취 훈련 파일
- Part 3 & Part 4 긴 문장 듣기도 알차게 대비하는 예문 받아쓰기

독학용 무료
학습 자료 4종
무료 제공 www.nexusbook.com

영·미 발음 MP3 | 어휘 테스트 | 2배속 청취 훈련 | 예문 받아쓰기

CONTENTS

토익 **800**
필수보카

WEEK **3**

WEEK **4**

STRUCTURE & FEATURES

표제어
토익 시험의 중요
빈출 어휘를 모아
Day별로 30개씩
학습할 수 있도록
하였다.

MP3
영 · 미 발음이 함께
녹음된 MP3를
들으면서 어휘를
암기할 수 있도록
구성하였다.

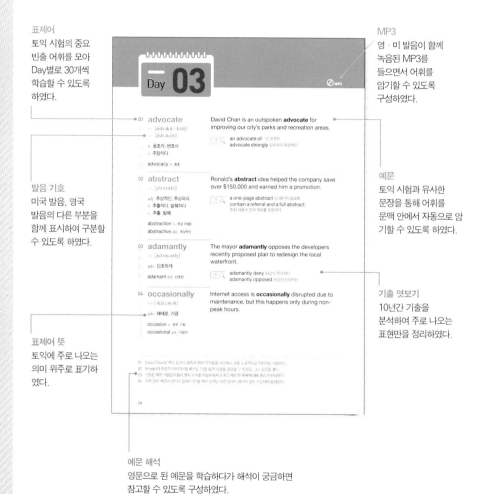

Day 03 🎧 MP3

01 advocate
[ǽdvəkit/-kèit]
[ǽdvəkèit]
n. 옹호자, 변호사
v. 주장하다
advocacy n. 옹호

David Chan is an outspoken **advocate** for improving our city's parks and recreation areas.

an advocate of ~의 옹호자
advocate strongly 강력하게 주장하다

02 abstract
[ǽbstrækt]
adj. 추상적인, 추상파의
v. 추출하다, 발췌하다
n. 추출, 발췌
abstraction n. 추상 (작용)
abstractive adj. 추상적인

Ronald's **abstract** idea helped the company save over $150,000 and earned him a promotion.

a one-page abstract 한 페이지 발췌록
contain a referral and a full abstract
조회 내용과 전체 개요를 포함하다

03 adamantly
[ǽdəməntly]
adv. 단호하게
adamant adj. 단호한

The mayor **adamantly** opposes the developers recently proposed plan to redesign the local waterfront.

adamantly deny 단호하게 부인하다
adamantly opposed 완강히 반대하다

04 occasionally
[əkéiʒənəli]
adv. 때때로, 가끔
occasion n. 경우·기회
occasional adj. 가끔의

Internet access is **occasionally** disrupted due to maintenance, but this happens only during non-peak hours.

발음 기호
미국 발음, 영국
발음의 다른 부분을
함께 표시하여 구분할
수 있도록 하였다.

예문
토익 시험과 유사한
문장을 통해 어휘를
문맥 안에서 자동으로 암
기할 수 있도록 하였다.

기출 엿보기
10년간 기출을
분석하여 주로 나오는
표현만을 정리하였다.

표제어 뜻
토익에 주로 나오는
의미 위주로 표기하
였다.

01 David Chan은 우리 도시의 공원과 위락 지역들을 개선하는 것을 노골적으로 지지하는 사람이다.
02 Ronald의 추상적인 아이디어로 회사는 15만 달러 이상을 절감할 수 있었고, 그는 승진을 했다.
03 시장은 최근 개발업자들이 현지 부두를 재설계하자고 최근 제안한 재개발 계획이 완강히 반대한다.
04 가끔 정비 때문에 인터넷 접속이 안 될 때가 있지만 이런 경우는 붐비지 않는 시간대에 발생한다.

28

예문 해석
영문으로 된 예문을 학습하다가 해석이 궁금하면
참고할 수 있도록 구성하였다.

CHECK-UP

문제 미국인 · 영국인의 녹음을 듣고 문맥 안에
알맞은 단어를 채워 Day별로 확인할 수 있도록
구성하였다.

해석 문제를 먼저 풀어본 후 문맥 안에서 어휘의
의미를 재확인할 수 있도록 구성하였다.

REVIEW TEST

문제 토익 시험과 유사한 어휘 문제로 구
성하여 1주의 학습이 끝나면 재확인할 수
있도록 구성하였다.

해석 문제를 먼저 풀어본 후 문맥 안에서
어휘의 의미를 재확인할 수 있도록 구성하
였다.

APPENDIX

시험에 자주 등장하는 〈명사+명사〉, 〈형용사
+명사〉 형태의 기출 표현들을 모아 시험 보
기 직전에 마지막 점검을 할 수 있도록 구성
하였다.

미국&영국
발음 듣기

독학용 무료
학습 자료 4종
무료 제공 www.nexusbook.com

영 · 미 발음
MP3

어휘
테스트

2배속
청취 훈련

예문
받아쓰기

토익 보카 공부하는 방법

토익
800+
필수보카

Week1

Week2

Week3

Week4

🎧 MP3

01 accumulation

U.S. [əkjùːmjəléiʃən]

n. 축적, 누적

accumulate v. 축적하다

The **accumulation** of debt has become a significant problem for many young families.

 parking accumulation 주차 대수
prevent accumulation of dust 먼지가 쌓이는 것을 방지하다

---

02 abbreviate

U.S. [əbríːvièit]

v. 생략하다, 단축하다

abbreviation n. 생략, 단축

"Chief Financial Officer" is normally **abbreviated** to the more common "CFO".

 abbreviate to ~라고 간략하게 쓰다
abbreviate "Avenue" as "Ave" Avenue를 Ave로 줄여 쓰다

---

03 abruptly

U.S. [əbrʌ́ptli]

adv. 갑자기, 돌연히

abrupt adj. 갑작스러운

Plans to produce the new software were **abruptly** halted following the discovery of a serious design flaw.

 resign abruptly 갑자기 사임하다

---

04 malfunction

U.S. [mælfʌ́ŋkʃən]

v. 오작동하다
n. 오작동, 기능 불량

The aircraft's navigation system **malfunctioned**, causing the pilot to return the craft to the airport for repairs.

 a few minor malfunction 몇 가지 잦은 고장
cause equipment malfunction 기계 고장을 일으키다

---

01 축적된 부채는 많은 젊은 가정에 심각한 문제가 된다.
02 'Chief Financial Officer(최고 재무 책임자)'는 보통 'CFO'라고 줄여 쓴다.
03 새로운 소프트웨어 제작 계획은 심각한 디자인상의 결함이 발견됨에 따라 갑자기 중단되었다.
04 항공기의 항법 시스템이 오작동하여 조종사는 수리를 위해 항공기를 돌려 공항으로 돌아갔다.

05 comment

[U.S.] [kάment]
[U.K.] [kɔ́ment]

n. 비평, 의견
v. 논평하다

commentary n. 논평, 주석

Any **comments** regarding the new proposal should be saved until the end of the meeting.

the comment on ~에 대한 언급
comment forms 의견서

06 appropriate

[U.S.] [əpróuprièit]

adj. 적절한, 적합한

appropriately adv. 적절하게

Employees have criticized RC Construction for failing to ensure **appropriate** safety procedures are adhered to.

appropriate to [for] + 사물 ~에 적합한
wear appropriate clothing 적절한 옷을 입다
direct inquires to the appropriate department
문의 사항을 해당 부서에 보내다

07 arbitrarily

[U.S.] [ά:rbitrèrəli]

adv. 독단적으로, 마음대로

arbitrary adj. 임의의

Our product shipment was **arbitrarily** inspected by the authorities when it arrived from Tokyo.

08 accelerate

[U.S.] [æksélərèit]

v. 촉진하다, 가속화하다

acceleration n. 촉진, 가속

The only way for the company to continue meeting consumer demand is to **accelerate** production.

accelerate ageing process 노화 과정을 촉진하다
accelerate economic growth 경제 성장을 촉진하다

---

05 새로운 제안에 대한 의견은 회의가 끝난 후에 말씀해 주시기 바랍니다.
06 직원들은 RC 건설이 적절한 안전 절차가 지켜지는가를 확실히 하지 않았다고 비판했다.
07 운송된 우리 물품이 도쿄에서 도착했을 때, 당국이 임의로 조사했다.
08 그 회사가 고객의 요구를 지속적으로 충족시킬 수 있는 유일한 방법은 생산을 촉진하는 것이다.

09 command

U.S. [kəmǽnd/-má:nd]
U.K. [kəmάːnd]

v. (존경 · 동정 · 관심 등을) 끌다, 명령하다, 지휘하다
n. 구사 능력, 명령

commandment n. 명령(권)

A truly inspirational leader will **command** the respect and loyalty of his subordinates.

 stay in command 계속 장악하다
have a good command of a language 언어를 잘 구사한다

10 decrease

U.S. [dikríːs]

v. 줄다, 감소하다, 줄이다
n. 감소

The value of homes has **decreased** for several years because of continued economic uncertainty.

 decrease one's expenditure ~의 지출을 줄이다
a decrease in ~의 감소
on the decrease 감소하고 있는
a gradual[sharp, substantial] decrease
점진적인[급격한, 상당한] 감소

11 barely

U.S. [béərli]

adv. 가까스로, 거의 ~하지 않는

bare adj. 텅 빈, 헐벗은

During the last three months, we could **barely** keep up with all of the client orders.

 barely ~ before절 ~하자마자 ~하다
be barely enough space 충분한 공간이 거의 없다

12 adhere

U.S. [ædhíər]

v. 고수하다, 지키다

adherence n. 고수, 충실
adherent n. 지지자
adhesive n. 접착제

The board of directors is adamant that we should **adhere** to the consultant's recommendations.

 adhere to policies 정책을 고수하다
adhere to safety regulations 안전 규정을 따르다

---

09 진실로 영감을 주는 지도자는 아랫사람들에게 존경과 충성을 받는다.
10 주택 가치가 계속된 경기 불안정으로 몇 년 동안 하락하고 있다.
11 지난 석 달 동안 우리는 고객의 모든 주문을 겨우 처리할 수 있었다.
12 이사회는 우리가 컨설턴트의 권고를 받아들여야 한다는 단호한 태도를 보이고 있다.

13 property
u.s. [prápərti]
u.k. [prɔ́pərti]

n. 부동산, 재산, 소유물

CanShip Manufacturing is interested in purchasing commercially zoned **property** along the city's waterfront.

 commercial property 상업용 부지
common [communal, joint] property 공유[공공] 재산

14 bulk
u.s. [bʌlk]

n. 부피, 크기
adj. 대량의

bulky adj. 부피가 큰, 거대한

The sales associate explained that when materials are bought in **bulk**, their prices are greatly reduced.

 in bulk 대량으로
the bulk of ~의 대부분
purchase items in bulk 대량으로 물건을 구입하다

15 disagree
u.s. [dìsəgríː]

v. 일치하지 않다

disagreement n. 불일치
disagreeable adj. 불쾌한

The regional manager and I **disagree** about how many staff members each store requires.

 disagree with ~와 의견이 다르다
disagree on [about, over] ~에 대하여 의견이 일치하지 않다
disagree completely [totally, utterly] 의견이 완전히 다르다

16 banquet
u.s. [bǽŋkwit]

n. 연회

The company holds an annual **banquet** to show its appreciation for the employees' dedication.

 at the banquet 연회에서
attend the banquet 연회에 참석하다

17 chronic
u.s. [kránik]
u.k. [krɔ́nik]

adj. 만성의

Mary has missed several days of work this month because she suffers from **chronic** bronchitis.

 a chronic disease 만성병
suffer a chronic trade imbalance
만성적인 무역 불균형을 겪다

---

13 CanShip Manufacturing은 도시의 해안지구를 따라 상업용으로 구획된 대지를 구매하는 데 관심이 있다.
14 판매 사원은 상품을 대량으로 구매 시, 가격이 꽤 낮아진다고 설명했다.
15 지역 담당 매니저와 나는 각 상점마다 몇 명의 직원이 필요한지에 대해 의견이 다르다.
16 회사는 모든 직원들의 헌신에 감사를 표하기 위해 매년 연회를 연다.
17 Mary는 만성 기관지염을 앓고 있어서 이번 달에 며칠을 결근했다.

18 **explore**

[U.S] [iksplɔ́ːr]

v. 탐험하다, (문제를) 조사하다

exploration n. 답사, 탐구
exploratory adj. 답사의, 예비적인

I am tendering my resignation from the Heavenly Sole Shoe Company to **explore** new employment opportunities.

 explore carefully 주의 깊게 조사하다
explore the possibilities for improvement
개선 가능성을 검토하다

19 **cancellation**

[U.S] [kæ̀nsəléiʃən]

n. 취소, 해제

cancel v. 취소하다

Customers will be charged an additional fee for **cancellation** if they wish to terminate their contracts early.

 It is subject to cancellation 취소될 수도 있다
$50 cancellation fee [charge] 50달러의 취소 수수료

20 **feasible**

[U.S] [fíːzəbəl]

adj. 실현 가능한

feasibility n. 실현 가능성

Increasing the company's manufacturing budget is simply not **feasible** in the current economic climate.

 a feasible alternative 실현 가능한 대안
It is feasible that절 [to + 동사원형] ~은 가능할 것 같다
come up with a feasible plan 실현 가능한 계획을 고안하다

21 **broaden**

[U.S] [brɔ́ːdn]

v. 넓히다, 확대하다

broad adj. 넓은

These changes are designed to **broaden** the appeal of the product for a new generation of customers.

 broaden consumer awareness 소비자 인지도를 넓히다
broaden the scope of activities 활동 영역을 넓히다

22 **edition**

[U.S] [idíʃən]

n. (간행물의) 판

edit v. 편집하다, 교정하다

This course will require you to purchase Michael Tanner's fourth **edition** of *Advanced Macroeconomics*.

 limited edition 한정판
revised edition 개정판

---

18 저는 새로운 고용 기회를 찾기 위해 Heavenly Sole Shoe 사에 사직서를 제출합니다.
19 고객들이 계약을 조기에 종료하고자 한다면, 취소에 따른 추가 비용을 지불해야 할 것이다.
20 회사가 제조 예산을 늘리는 것은 현 경제 상황에서 절대 가능한 일이 아니다.
21 이러한 변화는 새로운 세대의 고객들에게 그 상품에 대한 관심을 확대하기 위해 고안된 것이다.
22 이 과정을 들으려면 Michael Tanner가 쓴 《고급 미시 경제학》 제 4판을 구입해야 한다.

23 incidental

u.s. [ìnsədéntl]

adj. 부수적인, 결과적인
n. 부수적인 일, 사건

incident n. 우발적 사건
incidentally adv. 우연히

Any **incidental** expenses that are accrued on your business trip should be reported to the accounting department.

incidental details 부차적인 사항
incidental expenses 부수 비용, 부대 비용

24 cease

u.s. [si:s]

v. 그만두다, 중지하다
n. 중지

cessation n. 중지

Due to a lack of sales, the company has decided to **cease** production of its latest product.

cease to + 동사원형 ~하지 않게 되다, ~하는 것을 그만두다
without cease 끊임없이

25 downturn

u.s. [dáuntə:rn]

n. 침체, 불경기

Some tenacious business owners continued to have extraordinary success despite last year's economic **downturn**.

a downturn in ~에 있어서 하락, 침체
a sharp downturn 급격한 하락
receive from the recent economic downturn
최근 경기 침체에서 회복하다

26 obscure

u.s. [əbskjúər]

v. 가리다
adj. 분명치 않은, 모호한

obscurely adv. 불분명하게

The addition of so many mainstream "Hollywood" movies has **obscured** the film festivals original goal.

obscure to ~에게 있어서 애매한
contain so many obscure references
모호한 언급이 너무 많다

---

23 출장에서 발생한 모든 부수 비용은 회계부에 보고되어야 한다.
24 판매 부족으로, 회사는 최신 상품 생산을 중지하기로 결정했다.
25 몇몇 끈기있는 사업가들은 작년 경기 침체에도 불구하고 지속적으로 엄청난 성공을 이루었다.
26 너무나 많은 할리우드 주류 영화가 추가되어 영화 축제의 본래 목적을 회석시켰다.

27 commence

[U.S.] [kəméns]

v. 시작되다, 개시하다

commencement n. 시작, 개시

Construction on Kennedy Highway will **commence** on July 4 and finish September 23.

 commence by[with] ~으로 시작하다
commence in less-than five minutes 5분 이내에 시작하다

28 intervention

[U.S.] [intərvénʃən]

n. 개입, 간섭

intervene v. 개입하다

Repeated **interventions** in the currency markets have failed to prevent the value of the currency from falling.

 intervention in ~에서의 개입
government intervention 정부 개입

29 depict

[U.S.] [dipíkt]

v. 그리다, 묘사하다, 설명하다

depiction n. 묘사, 서술
depictive adj. 묘사적인

The new advertisement **depicts** a woman singing and dancing while listening to her new MP3 player.

 depict as ~으로 묘사하다
depict the situation in great detail
그 상황을 상세히 설명하다

30 outage

[U.S.] [áutidʒ]

n. 공급 중단, 사용 정지

The TV news reported power **outages** affecting several communities, leaving many homes without heat.

 an electrical power outage[failure] 정전

---

27 Kennedy 고속도로 공사는 7월 4일에 시작해서 9월 23일에 끝날 것이다.
28 통화 시장에의 반복된 개입이 통화 가치 하락을 막지 못했다.
29 새로운 광고는 한 여자가 새 MP3 플레이어를 들으면서 노래하고 춤추는 모습을 보여준다.
30 TV 뉴스에서는 많은 가정에서 난방이 중지되는 등 여러 지역 사회에 영향을 끼친 정전 사태를 보도했다.

Check-up ◀

🎧 Listen and fill in the blanks with the correct words. Ⓒ MP3

01 Employees have criticized RC Construction for failing to ensure
_____ safety procedures are adhered to.

02 The only way for the company to continue meeting consumer demand is to
_____ production.

03 The board of directors is adamant that we should _____ to the
consultant's recommendations.

04 Mary has missed several days of work this month because she suffers from
_____ bronchitis.

05 Customers will be charged an additional fee for _____ if they wish
to terminate their contracts early.

06 These changes are designed to _____ the appeal of the product
for a new generation of customers.

07 Any _____ expenses that are accrued on your business trip
should be reported to the accounting department.

08 Some tenacious business owners continued to have extraordinary success
despite last year's economic _____.

09 Construction on the Kennedy Highway will _____ on July 4 and
finish September 23.

10 The new advertisement _____ a woman singing and dancing
while listening to her new MP3 player.

---

01 직원들은 RC 건설이 적절한 안전 절차가 지켜지는가를 확실히 하지 않았다고 비판했다. 02 그 회사가 고객의 요구를 지속적으로 충족시킬 수 있는 유일한 방법은 생산을 촉진하는 것이다. 03 이사회는 우리가 컨설턴트의 권고를 받아들여야 한다는 데 단호한 태도를 보이고 있다. 04 Mary 는 만성 기관지염을 앓고 있어서 이번 달에 며칠을 결근했다. 05 고객들이 계약을 조기에 종료하고자 한다면, 취소에 따른 추가 비용을 지불해야 할 것이다. 06 이러한 변화는 새로운 세대의 고객들에게 그 상품에 대한 관심을 확대하기 위해 고안된 것이다. 07 출장에서 발생한 모든 부수 비용은 회계부에 보고되어야 한다. 08 몇몇 끈기있는 사업가들은 작년 경기 침체에도 불구하고 지속적으로 엄청난 성공을 이루었다. 09 Kennedy 고속도로 공사는 7월 4일에 시작해서 9월 23일에 끝날 것이다. 10 새로운 광고는 한 여자가 새 MP3 플레이어를 들으면서 노래하고 춤추는 모습을 보여준다.

01 administration
[us.] [ædmìnəstréiʃən]

n. 행정, 관리

administrator n. 행정가, 관리자
administrative adj. 행정의

The daily **administration** of the shipping department is handled by our secretary, Susan Delmer.

unbiased administration of ~의 공정한 관리
skilled at office administration 행정 업무에 능숙한

02 absolute
[us.] [ǽbsəlùːt]

adj. 절대적인, 완전한

absolutely adv. 절대적으로

This summer's excessive heat was an **absolute** catastrophe for the country's farming industry.

absolute evidence[proof] 확실한 증거
keep your internet search to an absolute minimum
인터넷 탐색을 절대적으로 최소화하다

03 accurately
[us.] [ǽkjərətli]

adv. 정확하게, 틀림없이

accuracy n. 정확성
accurate adj. 정확한

The most successful salespeople understand the importance of **accurately** assessing the needs of their clients.

accurately account for ~을 정확하게 설명하다
be recorded accurately in ~에 정확히 기록되다
predict[estimate] accurately 정확하게 예측하다[측정하다]

04 manipulation
[us.] [mənìpjəléiʃən]

n. 조작, 시장 조작

manipulate v. 조작하다

At least three traders from Lehold Securities have been accused of fraud and stock market **manipulations**.

gene manipulation 유전자 조작
stock price manipulation 주가 조작

---

01 운송부의 일상적 행정 업무는 비서인 Susan Delmer가 처리한다.
02 올 여름 폭염은 국가의 농업에 엄청난 재앙이었다.
03 가장 성공한 영업 사원들은 고객의 필요를 정확하게 판단하는 것이 중요하다고 생각한다.
04 현재 Lehold 유가 증권에서 최소 3명의 거래원이 사기와 주식 시장 조작으로 고발되었다.

05 admission

[U.S.] [ædmíʃən/əd-]
[U.K.] [ədmiʃən]

n. 입장,허락, 입장료, 승인

admit
v. (사람·사물을) 들이다, 인정하다
admissive adj. 입장 허가의

All company employees will receive free **admission** to the baseball game next week.

 admission of the result 그 결과의 승인
admission to the exhibit 전시회의 입장

06 enhanced

[U.S.] [inhǽnst]
[U.K.] [inháːnst]

adj. 강화된, 향상된

enhance v. 강화하다, 높이다

Our **enhanced** cellular network allows us to offer our customers better reception than our competitors.

 enhanced efficiency [importance] 높아진 효율성[중요성]
enhanced [improved, increased] productivity
향상된[개선된, 증가된] 생산성

07 consequently

[U.S.] [kánsikwəntli]

adv. 결과적으로

consequence n. 결과, 중요성
consequent adj. 결과의

The unemployment rate is decreasing; **consequently**, the economy is receiving an influx of revenue.

08 accommodate

[U.S.] [əkámədèit]
[U.K.] [əkɔ́mədèit]

v. 수용하다, 숙박시키다

accommodation n. 숙박 시설

Our friendly and knowledgeable hotel staff will be happy to answer your questions and **accommodate** your requests.

 accommodate a request 요청을 받아들이다
accommodate participants [a group of people]
참석자[단체 손님]를 수용하다

---

05 회사의 전 직원들은 다음 주 야구 경기 무료 입장권을 받을 것이다.
06 강화된 이동 통신 네트워크는 우리가 고객들에게 경쟁사보다 더 나은 수신율을 제공하도록 해준다.
07 실업률이 감소하고 있고 그 결과 경제적으로 수익이 증가하고 있다.
08 저희 친절하고 박식한 호텔 직원들은 여러분의 질문에 기꺼이 답하고, 요청 사항을 수용할 것입니다.

09 publication
u.s. [pʌ̀bləkéiʃən]

n. 간행물, 출판물, 발표

publish v. 출판하다
publishing n. 출판업

Prosperity magazine is a new business-oriented **publication** that will debut next month.

 an official publication 공식 간행물
be selected for publication 출판용으로 선택되다

10 artificial
u.s. [ɑ̀ːrtəfíʃəl]

adj. 인공의, 인공적인

artificially adv. 인공적으로

I sometimes find it difficult to taste the difference between real sugar and **artificial** sweeteners.

 an artificial flavor 인공 조미료
an artificial additive 인공 첨가물

11 dramatically
u.s. [drəmǽtikəli]

adv. 상당히, 극적으로

dramatic adj. 극적인

Ecological and climate changes have **dramatically** affected agricultural production around the world.

 increase [grow, climb] dramatically
극적으로 증가하다 [성장하다, 상승하다]
The temperature drops dramatically.
기온이 급격히 떨어지다 .

12 accomplish
u.s. [əkʌ́mpliʃ/əkɔ́m-]
u.k. [əkʌ́mpliʃ]

v. 성취하다, 달성하다

accomplishment n. 성취, 완성
accomplished adj. 성취된, 뛰어난

Mr. Gainey has been unable to successfully **accomplish** the tasks assigned to him by his supervisor.

 accomplish financial goals 재정 목표를 달성하다
accomplish important tasks 중요한 임무를 완수하다

13 publicity
u.s. [pʌblísəti]

n. 널리 알려짐, 광고

publicize v. 공표하다, 광고하다
public adj. 공공의

The Humbertown Conglomerate has gained **publicity** recently for their charity work in developing nations.

 publicity campaign 홍보 활동
gain [get, receive] publicity 명성을 얻다, 평판이 나다

---

09 다음 달에 출시될 Prosperity 잡지는 상업 지향의 새로운 간행물이다.
10 설탕과 인공 감미료의 차이점을 맛으로 구별하기 어려울 때가 있다.
11 생태 및 기후 변화는 세계의 농업 생산에 상당한 영향을 끼쳤다.
12 Gainey 씨는 상관이 할당해 준 과업을 성공적으로 수행할 수 없었다.
13 Humbertown 기업은 최근 개발도상국에서의 자선 사업으로 널리 알려졌다.

14 classified

U.S. [klǽsəfàid]

adj. 기밀인, (항목별로) 분류된

classify v. 분류하다
classification n. 분류

Government officials have started to investigate the corporation's **classified** financial documents to look for wrongdoing.

classified section (주제별로 분류된) 광고란
forward classified documents 기밀 문서를 전달하다

15 guard

U.S. [gɑːrd]

n. 보호자, 감시인
v. 지키다

The old **guard** will be gradually replaced by enthusiastic business graduates who have fresh ideas.

a security guard 보안 요원
on [off] guard 경계하여[방심하여]

16 breakage

U.S. [bréikidʒ]

n. 파손(품)

The courier company guarantees that any product **breakage** during shipping will be fully refunded.

wrap items to prevent breakage
파손을 방지하기 위해 물건을 포장하다
be responsible for any breakage [damage]
파손에 대해 책임이 있다

17 desirable

U.S. [dizáiərəbəl]

adj. 바람직한, 이상적인

desirably adv. 바람직하게

Although our company is facing financial difficulties, selling our assets is the least **desirable** solution.

the most desirable place to live 가장 살고 싶은 곳
constructed on the most desirable piece of land
가장 이상적인 땅에 건설된

14 정부 관리들은 불법 행위를 찾기 위해 그 회사의 기밀 재무 문서들을 조사하기 시작했다.
15 보수파는 신선한 아이디어를 가진 열정적인 경영대학원 졸업생들로 점차 대체될 것이다.
16 택배 회사는 배송 중 발생한 모든 제품 파손에 대해서 전액 배상해 줄 것을 보증한다.
17 비록 우리 회사가 재정적 어려움에 처해 있을지라도, 자산을 매각하는 것은 바람직하지 않은 해결 방안이다.

18 alleviate

[U.S.] [əlíːvièit]

v. 완화하다

alleviation n. 완화

Automating the company's billing process could **alleviate** the problems now facing the accounting department.

 기출 엿보기
alleviate concerns 우려를 해소하다
alleviate congestion 교통 체증을 완화하다

19 commission

[U.S.] [kəmíʃən]

n. 수수료, 수당, 위임, 위원회

commissioner n. 위원, 이사

Commercial real estate agents can make a very good **commission** from selling factories and warehouses.

 기출 엿보기
deduct a commission 수수료를 공제하다
work on commission 실적 수당을 받고 일하다
an investigation commission 조사 위원회

20 federal

[U.S.] [fédərəl]

adj. 연방의, 연방 정부의

federalize v. 연방화하다

Federal prosecutors charged three men with identity theft after a home was raided by police.

 기출 엿보기
according to federal law 연방법에 따르면
required by federal safety codes
연방 안전 규정에 의해 요구되는

21 browse

[U.S.] [brauz]

v. 둘러보다, (정보를) 검색하다

browser n. (컴퓨터) 브라우저

While **browsing** through employee sick day records, I found that Mr. King has an unacceptable amount of absences.

 기출 엿보기
browse through 대충 훑어보다
browse A online 온라인으로 A를 검색하다

---

18 회사의 결제 처리를 자동화하는 것은 회계부가 현재 직면하고 있는 문제점을 해소할 것이다.
19 상업용 부동산 중개인은 공장과 창고를 팔면 상당한 수수료를 챙길 수 있다.
20 연방 검사들은 경찰이 한 주택을 불시 단속한 후, 3명을 신원 도용 혐의로 기소했다.
21 직원들의 병가 기록을 훑어보는 동안, 나는 King 씨가 지나치게 많이 결근했음을 발견했다.

22 draft

[u.s.] [dræft]

n. 초안, 지불 청구(서)
v. 초안을 잡다

The rough **draft** of the schematics does not include the interior layout of the building.

 a first draft 초안
a final draft 최종 원고
draft a schedule 대강 일정을 짜다

23 incompetence

[u.s.] [inkάmpətəns]
[u.k.] [inkɔ́mpətəns]

n. 무능력

incompetent adj. 무능한

Financial mismanagement and **incompetence** were blamed for the company's decision to liquidate its assets and declare bankruptcy.

 incompetence at [in] ~에 대한 무능력
point out the incompetence of the owner
사장의 무능력을 지적하다

24 circulate

[u.s.] [sə́:rkjulèit]

v. 회람시키다, 배부하다,
유포되다

circulation n. 순환, 유통

Sensitive company documents must not be allowed to **circulate** outside of the workplace.

 circulate a meeting agenda to the attendees
회의 의제를 참석자들에게 회람시키다
circulate the memo among the staff members
메모를 직원들에게 회람시키다

25 endeavor

[u.s.] [indévər]

v. 노력하다, 애쓰다
n. 노력

The customer care department will **endeavor** to resolve any complaints in a timely manner.

 make every endeavor to ~하려고 모든 노력을 다하다
endeavor to do one's duty ~의 의무를 다하려고 노력하다

26 obvious

[u.s.] [άbviəs]
[u.k.] [ɔ́bviəs]

adj. 명백한, 분명한

obviously adv. 명백히

Your job is to look over these figures and notify the clerk if there are any **obvious** mistakes.

 obvious to ~에게 명백한
It is obvious [clear, apparent] that절 ~은 분명하다

---

22 설계도의 초안에 건물의 내부 배치도는 포함되지 않는다.
23 부실 경영과 무능력 때문에 회사는 자산을 현금화하고 파산을 선언하기로 결정했다.
24 민감한 회사 문서들은 직장 밖으로 배포되지 않도록 해야 한다.
25 고객 관리부는 적시에 불만을 처리할 수 있도록 노력할 것입니다.
26 당신의 업무는 이 수치들을 살펴보고 눈에 띄는 실수가 있다면 사무원에게 알리는 것입니다.

27 commit

[U.S.] [kəmít]

v. 저지르다, 위임하다, 충당하다

committee n. 위원회
commitment n. 위탁, 공약

Sully's Auto Shop cannot **commit** to purchasing two hundred brake pads per month.

 기출 엿보기
commit crime 범죄를 저지르다
be committed to + (동)명사 ~을 약속하다, ~에 전념하다

28 inventory

[U.S.] [ínvəntɔ̀ːri]
[U.K.] [ínvəntəri]

n. 재고품, 목록

Our **inventory** of used cars is the best in town, and we have the lowest prices too.

 기출 엿보기
inventory of ~의 목록
sale on remaining inventory 남은 재고품 판매

29 enforce

[U.S.] [infɔ́ːrs]

v. 시행하다, 실시하다

enforcement n. 시행, 집행

Health and safety regulations are strictly **enforced** to ensure accidents are kept to a minimum.

 기출 엿보기
enforce the law 법을 집행하다
enforce new regulations 새로운 규정을 시행하다

30 outlook

[U.S.] [áutlùk]

n. 예상, 전망

Friday's **outlook** is for clear skies in the morning, clouding over in the afternoon with a 50% chance of rain.

 기출 엿보기
outlook for ~에 대한 전망, 예상
optimistic opinions over the business outlook
사업 전망에 대한 낙관적인 견해

---

27 Sully's Auto Shop은 한 달에 200개의 브레이크 패드 구매를 약속할 수 없다.
28 우리 중고차 재고는 도시에서 최고이며, 또한 가장 저렴하다.
29 사고를 최소화하기 위해 건강 및 안전 관리 법규가 엄격하게 시행된다.
30 금요일 예상 날씨는 아침에는 맑은 하늘을 볼 수 있겠고, 오후에는 50%의 강수 확률과 함께 구름 낀 날이 되겠습니다.

Check-up ◀

🎧 Listen and fill in the blanks with the correct words. ⊙MP3

01 The most successful salespeople understand the importance of
_____ assessing the needs of their clients.

02 Our _____ cellular network allows us to offer our customers better
reception than our competitors.

03 Mr. Gainey has been unable to successfully _____ the tasks
assigned to him by his supervisor.

04 Government officials have started to investigate the corporation's
_____ financial documents to look for wrongdoing.

05 Automating the company's billing process could _____ the
problems now facing the accounting department.

06 While _____ through employee sick day records, I found that Mr.
king has an unacceptable amount of absences.

07 Financial mismanagement and _____ were blamed for the
company's decision to liquidate its assets and declare bankruptcy.

08 The customer care department will _____ to resolve any
complaints in a timely manner.

09 Our _____ of used cars is the best in town, and we have the
lowest prices too.

10 Friday's _____ is for clear skies in the morning, clouding over in
the afternoon with a 50% chance of rain.

---

01 가장 성공한 영업 사원들은 고객의 필요를 정확하게 판단하는 것이 중요하다고 생각한다. 02 강화된 이동 통신 네트워크는 우리가 고객들에게
경쟁사보다 더 나은 수신율을 제공하도록 해준다. 03 Gainey 씨는 상관이 할당해 준 과업을 성공적으로 수행할 수 없었다. 04 정부 관리들은 불
법 행위를 찾기 위해 그 회사의 기밀 재무 문서들을 조사하기 시작했다. 05 회사의 결제 처리를 자동화하는 것은 회계부가 현재 직면하고 있는 문
제점을 해소할 것이다. 06 직원들의 병가 기록을 훑어보는 동안, 나는 king 씨가 지나치게 많이 결근했음을 발견했다. 07 부실 경영과 무능력 때문
에 회사는 자산을 현금화하고 파산을 선언하기로 결정했다. 08 고객 관리부는 적시에 불만을 처리할 수 있도록 노력할 것입니다. 09 우리 중고차
재고는 도시에서 최고이며, 또한 가장 저렴하다. 10 금요일 예상 날씨는 아침에는 맑은 하늘을 볼 수 있겠고, 오후에는 50%의 강수 확률과 함께
구름 낀 날이 되겠습니다.

MP3

01 advocate

U.S. [ǽdvəkit/-kèit]
U.K. [ǽdvəkèit]

n. 옹호자, 변호사
v. 주장하다

advocacy n. 옹호

David Chan is an outspoken **advocate** for improving our city's parks and recreation areas.

an advocate of ~의 옹호자
advocate strongly 강력하게 주장하다

02 abstract

U.S. [æbstrǽkt]

adj. 추상적인, 추상파의
v. 추출하다, 발췌하다
n. 추출, 발췌

abstraction n. 추상 (작용)
abstractive adj. 추상적인

Ronald's **abstract** idea helped the company save over $150,000 and earned him a promotion.

a one-page abstract 한 페이지 발췌록
contain a referral and a full abstract
조회 내용과 전체 개요를 포함하다

03 adamantly

U.S. [ǽdəməntly]

adv. 단호하게

adamant adj. 단호한

The mayor **adamantly** opposes the developers recently proposed plan to redesign the local waterfront.

adamantly deny 완강히 부인하다
adamantly opposed 완강히 반대하는

04 occasionally

U.S. [əkéiʒənəli]

adv. 때때로, 가끔

occasion n. 경우, 기회
occasional adj. 가끔의

Internet access is **occasionally** disrupted due to maintenance, but this happens only during non-peak hours.

---

01 David Chan은 우리 도시의 공원과 위락 지역들을 개선하는 것을 노골적으로 지지하는 사람이다.
02 Ronald의 추상적 아이디어로 회사는 15만 달러 이상을 절감할 수 있었고, 그는 승진을 했다.
03 시장은 택지 개발업자들이 현지 부두를 재설계하자고 최근 제안한 계획에 대해 완강히 반대한다.
04 가끔 정비 때문에 인터넷 접속이 안 될 때가 있지만 이런 경우는 붐비지 않는 시간대에 발생한다.

05 advertisement

[U.S] [ӕdvərtáizmənt]

n. 광고

advertise v. 광고하다

An **advertisement** should effectively demonstrate the features and benefits of the product for sale.

an advertisement for ~에 대한 광고
place[put] an advertisement in ~에 광고를 내다

06 approximate

[U.S] [əpráksəmèit]
[U.K] [əprɔ́ksəmèit]

adj. 대략의
v. 어림잡다, 가까워지다

approximately adv. 대략

The shipping company will need to know the **approximate** size and weight of the boxes.

an approximate cost 대략의 비용
an approximate estimate[number] 근사치

07 considerably

[U.S] [kənsídərəbli]

adv. 상당히, 꽤

consider v. 고려하다
considerable adj. 상당한
considering prep. ~을 고려하면

Initial economic forecasts suggest the national economy will improve **considerably** once government sponsored projects are implemented.

considerably improved quality 상당히 개선된 품질
considerably raise expenditure on education
교육에 대한 지출을 상당히 늘리다

08 accompany

[U.S] [əkʌ́mpəni]

v. 동행하다, 수반하다

accompaniment n. 부속물

Mr. Nigel will **accompany** the investment group on their tour of the newly acquired facility.

accompany to ~까지 동반하다
be accompanied by[with] ~을 동반하다

---

05 광고는 판매 상품의 특징과 이점을 효과적으로 보여주어야 한다.
06 운송 회사는 대략적인 상자 크기와 무게를 알아야 할 것이다.
07 초기 경제 전망은 정부 지원 프로젝트가 실행되면, 국가 경제가 상당히 좋아질 것이라고 제시한다.
08 Nigel 씨는 새로 구입한 시설을 둘러보는 데 투자단과 동행할 것이다.

09 reaction
[U.S.] [riːǽkʃ*ə*n]

n. 반응

react v. 반응하다

Our consumer test group had mixed **reactions** to the taste of our new energy drink.

기출
엿보기
reaction to + 명사 ~에 대한 반응
allergic reactions 알레르기 반응

10 bilingual
[U.S.] [bailíŋgwəl]

adj. 2개 국어에 능통한

The company will give **bilingual** candidates preference for job opportunities inside the shipping department.

기출
엿보기
bilingual business cards 2개 국어로 된 명함

11 evidently
[U.S.] [évidəntli]

adv. 분명히, 명백히

evidence n. 증거
evident adj. 분명한

The decrease in productivity suggests that employees are **evidently** having problems adapting to the new software.

12 adjust
[U.S.] [ədʒʌ́st]

v. 적응하다, 조절하다

adjustment n. 조정, 조절
adjustable adj. 조정할 수 있는

I had to **adjust** your schedule to accommodate the assistant manager's vacation request.

기출
엿보기
adjust A to B A를 B에 맞추다, 적응시키다
adjust to + (동)명사 ~하는 것에 익숙해지다

13 bid
[U.S.] [bid]

n. 입찰
v. 입찰하다

When Bill Gates decided to sell Microsoft, he received multiple **bids** to purchase the company.

기출
엿보기
in a bid to ~하기 위하여, ··을 거냥히여
make a bid to + 동사원형 ~하기 위해 노력하다
bid for ~에 입찰하다

---

09 우리의 고객 시험단은 새로 출시된 에너지 음료의 맛에 엇갈린 반응을 보였다.
10 회사는 운송부 직원 모집에서 2개 국어가 능통한 지원자를 우대할 것이다.
11 생산량 감소는 직원들이 새로운 소프트웨어에 적응하는 데 분명히 문제가 있다는 것을 나타낸다.
12 부매니저의 휴가 요청을 들어주기 위해 당신의 스케줄을 조정해야 했다.
13 Bill Gates가 Microsoft를 팔기로 결심했을 때, 그는 다수의 회사 매입 입찰 제의를 받았다.

14 compulsory
[U.S.] [kəmpʌ́lsəri]

adj. 의무적인

compel v. 강요하다
compulsion n. 강제

Wearing a helmet and steel-toed boots is **compulsory** in all areas of the construction zone.

compulsory for ~에 대해 강제적인
compulsory education 의무 교육

15 blame
[U.S.] [bleim]

v. 비난하다, 책임이 있다고
여기다
n. 비난

All of the recent shipping errors are being **blamed** on the disorganization of the department.

A be to blame for B A는 B에 대한 책임이 있다, B는 A의 탓이다
blame A on B(= blame B for A)
A에 대해 B가 책임이 있다고 여기다, 비난하다

16 boundary
[U.S.] [báundəri]

n. 경계(선)

The property **boundary** around the processing plant is clearly marked on the map.

a boundary between ~사이의 경계선
define the boundary 한계를 짓다

17 eminent
[U.S.] [émənənt]

adj. 저명한, 탁월한

eminence n. 명성

Our company has hired an **eminent** consulting firm to assist our expansion process into the Russian market.

eminent as ~로서 명망 있는
eminent in ~에 있어서 명망 있는

---

14 헬멧과 강철 특수화 착용은 건설 현장에서 의무 규정이다.
15 최근 일어난 운송상의 오류들은 모두 부서의 해체 때문이다.
16 가공 공장 주변의 토지 경계선은 지도에 분명히 표기되어 있다.
17 우리 회사는 러시아 시장으로 진출 과정을 도울 저명한 컨설팅 회사를 고용했다.

18 collaborate

u.s. [kəlǽbərèit]

v. 협력하다

collaboration n. 협력
collaborator n. 협력자
collaborative adj. 협력적인

Often it is necessary to **collaborate** with colleagues to arrive at the best decision.

 collaborate closely 긴밀히 협력하다
collaborate on A with B B와 함께 A에 대해 협력하다

19 circumstance

u.s. [sə́:rkəmstæ̀ns/-stəns]
u.k. [sə́:kəmstəns]

n. 사정, 상황, 환경

Due to the current **circumstances**, employees will no longer be offered the opportunity to work overtime hours.

 under special circumstances 특별한 경우에
present[certain, particular] circumstances 현재[특정] 상황

20 fiscal

u.s. [fískəl]

adj. 회계의, 재정상의

fiscally adv. 회계상

The Global Interactive Corporation began its **fiscal** year over five million dollars in debt.

 fiscal year 회계 연도
manage fiscal operation 회계 운영을 관리하다

21 detour

u.s. [dí:tuər/ditúər]
u.k. [dí:tuə(r)]

n. 우회로
v. 우회하다

The drive into work will be slow today due to road construction and **detours**.

 detour signs 우회로 표시
take[make] a detour 우회하다

---

18 가장 최선의 결론에 도달하기 위해서는 종종 동료와 협력해야 한다.
19 현재 상황 때문에 직원들은 더 이상 시간 외 근무를 할 기회를 얻지 못할 것이다.
20 Global Interactive 사는 500만 달러의 채무를 지고 회계 연도를 시작했다.
21 도로 건설과 우회로 때문에 오늘 출근길이 더딜 것이다.

22 entrepreneur

u.s. [ὰːŋtrəprənə́ːr]

u.k. [ɔ́ntrəprənəːr]

n. 기업가, 사업가

The best advice I received as a young **entrepreneur** was to be patient with my business.

23 inevitable

u.s. [inévitəbəl]

adj. 피할 수 없는, 필연적인

inevitably adv. 불가피하게

After revenues fell for a third straight quarter, a change in management became **inevitable**.

 It is inevitable that절 ~은 피할 수 없는 일이다
as an inevitable consequence 필연적인 결과로서

24 disperse

u.s. [dispə́ːrs]

v. 해산시키다

dispersion n. 흩어짐

The police made several arrests during the protest and used tear gas to **disperse** the crowd.

 disperse a demonstration 시위를 해산시키다

25 fluctuation

u.s. [flʌ̀ktʃuéiʃən]

n. 변동

fluctuate v. 변동하다

Stockbrokers must understand the business cycle in order to accurately predict stock **fluctuations**.

 fluctuation in ~의 변동
fluctuation of the stock market 주식 시장의 변동

26 outstanding

u.s. [àutstǽndiŋ]

adj. 미결제된, 눈에 띄는

We have agreed to use the proceeds to pay off the **outstanding** amount on the mortgage of our headquarters.

 an outstanding balance 미결제된 잔액
outstanding performance 뛰어난 업무 성과

---

22 젊은 기업가로서 내가 받은 최고의 충고는 사업에 인내심을 가지라는 것이었다.

23 수익이 3분기 연속 하락한 후에, 경영상의 변화가 불가피해졌다.

24 경찰은 시위 도중 여러 명을 체포했고, 군중을 해산시키기 위해 최루 가스를 사용했다.

25 주식 중개인들은 주가 변동을 정확하게 예측하기 위해서 경기 순환을 이해해야만 한다.

26 우리는 수익금으로 본사의 융자금 상당액을 갚기로 동의했다.

27 eliminate

[U.S.] [ilímənèit]

v. 제거하다, 탈락시키다

elimination n. 제거, 탈락

The new government legislation is designed to help **eliminate** poverty, not simply reduce it.

기출
엿보기

eliminate from ~에서 제거하다
eliminate several positions 몇몇 직책을 없애다

28 invoice

[U.S.] [ínvɔis]

n. 송장

Invoices must be submitted by the 24th of every month if you want to be reimbursed for your expenditures.

기출
엿보기

make an invoice of ~의 송장을 만들다
receive[send, issue] an invoice
송장을 받다[보내다, 발부하다]

29 incorporate

[U.S.] [inkɔ́:rpərèit]

v. 포함시키다, 법인화하다
adj. 법인의

incorporation n. 통합
incorporated adj. 법인화된

Nikon has been able to **incorporate** more features in their new digital cameras than ever before.

기출
엿보기

incorporate A into B A를 B로 포함시키다
become incorporated with ~와 합병하다

30 permission

[U.S.] [pəːrmíʃən]

n. 허가, 허락

permit v. 허가하다, 허락하다
n. 허가(증), 증명서
permissive adj. 허가하는

Festival organizers recently received **permission** to go ahead with the art festival in spite of opposition from local residents.

기출
엿보기

without prior permission 사전 허가 없이
require written permission 서면 확인이 필요하다
ask for[grant, give] permission to
~하는 허가를 청하다[주다]

---

27 새로운 정부 법안은 단순히 빈곤을 줄이는 것이 아니라 빈곤을 없애는 데 도움이 되도록 만들어졌다.
28 비용을 상환 받으려면, 매달 24일까지 송장을 제출해야 합니다.
29 Nikon은 새로 나온 디지털 카메라에 그 어느 때보다도 더 많은 기능을 포함시킬 수 있었다.
30 축제 주최측은 최근에 지역 주민들의 반대에도 불구하고 예술 축제를 계속해도 좋다는 허가를 받았다.

Check-up ◀

🎧 Listen and fill in the blanks with the correct words. ⊚ MP3

01 Ronald's _____ idea helped the company save over $150,000 and earned him a promotion.

02 The shipping company will need to know the _____ size and weight of the boxes.

03 Initial economic forecasts suggest the national economy will improve _____ once government sponsored projects are implemented.

04 I had to _____ your schedule to accommodate the assistant manager's vacation request.

05 Wearing a helmet and steel toed boots is _____ in all areas of the construction zone.

06 Often it is necessary to _____ with colleagues to arrive at the best decision.

07 The Global Interactive Corporation began its _____ year over five million dollars in debt.

08 After revenues fell for the third straight quarter, a change in management became _____.

09 We have agreed to use the proceeds to pay off the _____ amount on the mortgage of our headquarters.

10 Nikon has been able to _____ more features in their new digital cameras than ever before.

---

01 Ronald의 추상적 아이디어로 회사는 15만 달러 이상을 절감할 수 있었고, 그는 승진을 했다. 02 운송 회사는 대략적인 상자 크기와 무게를 알아야 할 것이다. 03 초기 경제 전망은 정부 지원 프로젝트가 실행되면, 국가 경제가 상당히 좋아질 것이라고 제시한다. 04 부매니저의 휴가 요청을 들어주기 위해 당신의 스케줄을 조정해야 했다. 05 헬멧과 강철 특수화 착용은 건설 현장에서 의무 규정이다. 06 가장 최선의 결론에 도달하기 위해서는 종종 동료와 협력해야 한다. 07 Global Interactive 사는 500만 달러의 채무를 지고 회계 연도를 시작했다. 08 수익이 3분기 연속 하락한 후에, 경영상의 변화가 불가피해졌다. 09 우리는 수익금으로 본사의 융자금 상당액을 갚기로 동의했다. 10 Nikon은 새로 나온 디지털 카메라에 그 어느 때보다도 더 많은 기능을 포함시킬 수 있었다.

01 affair

u.s. [əfέər]

n. 일, 사건

The Ministry of Foreign **Affairs** has initiated a project to improve trade relations with several South American countries.

 기출
엿보기

Consumer Affairs Department 소비자 업무부
complete the public affairs assignment on time
공공 업무를 제시간에 마치다

---

02 abundant

u.s. [əbʌ́ndənt]

adj. 풍부한

abundance n. 풍부함

Canada's **abundant** natural resources have made them a leader in exporting lumber, oil, and wheat.

 기출
엿보기

be abundant in ~이 풍부하다
abundant natural resources 풍부한 천연자원

---

03 adequately

u.s. [ǽdikwitli/ǽdə-]

u.k. [ǽdikwitli]

adv. 충분히, 적절히

adequate adj. 충분한

The department's increased budget should **adequately** meet their need to hire more service technicians.

 기출
엿보기

be adequately addressed 적절히 처리되다
be adequately wrapped to prevent breakage
파손을 막기 위해 적절히 포장하다

---

04 offset

u.s. [ɔ́(:)fsèt/ɑ́f-]

u.k. [ɑ́fset]

v. 차감하다, 상쇄하다

Keep your restaurant receipts, because they **offset** the amount of income tax owed at the end of the year.

 기출
엿보기

A would be offset by B B 때문에 A가 상쇄되다

---

01 외교부는 여러 남미 국가와 무역 관계를 개선하려는 프로젝트를 시작했다.

02 캐나다는 풍부한 천연자원으로 목재, 석유, 그리고 밀 수출의 선두가 되었다.

03 그 부서의 늘어난 예산은 더 많은 서비스 기술자를 고용해야 하는 그들의 요구를 적절히 충족시켜 줄 것이다.

04 연말에 소득세를 차감해주니 식당 영수증을 보관하세요.

05 apparel

u.s. [əpǽrəl]

n. 의복, 의류

SportsHawk offers a wide range of sports **apparel**, including track pants, sweatshirts, and running shoes.

 ready-to-wear apparel 기성복
sell women's apparel 여성복을 판매하다

06 alternative

u.s. [ɔːltə́ːrnətiv/æl-]
u.k. [ɔːltə́ːnətiv]

adj. 대신의, 양자택일의
n. 대안

alternate v. 번갈아 일어나다
alternation n. 교대
alternatively adv. 대안으로

Advertising in local newspapers is a less expensive **alternative** to advertising on the radio.

 an alternative to + 명사 ~에 대한 대안
alternative energy source 대체 에너지원

07 electronically

u.s. [ilèktránikli]

adv. 온라인으로

electronic adj. 온라인의

A significant amount of security is necessary to ensure that messages transferred **electronically** remain private.

 send files electronically 파일을 온라인으로 전송하다
electronically transacted 전자상으로 거래되는

08 adapt

u.s. [ədǽpt]

v. 적응시키다, 순응하다

adaptation n. 적응, 개조
adaptive adj. 적응할 수 있는

Economists believe the US will have to **adapt** to a downsized economy following the stock market's crash.

 adapt oneself to ~에 적응하다, 순응하다
adapt to a new environment 새로운 환경에 적응하다

---

05 SportsHawk은 트레이닝 바지, 땀복, 그리고 운동화를 포함한 다양한 스포츠 용품을 제공한다.
06 지역 신문에 광고하는 것은 라디오에 광고하는 것보다 비용이 저렴한 대안이다.
07 온라인으로 전송된 메시지가 철저하게 비공개로 유지되도록 하기 위해 상당한 보안은 필수적이다.
08 경제학자들은 미국이 주식 시장 폭락으로 축소된 경제에 적응해야 할 것이라고 생각한다.

09 appraisal

u.s. [əpréizəl]

n. 평가, 견적

appraise v. 평가하다

A commercial real estate developer has been hired to conduct an **appraisal** of our properties.

performance appraisal 업무 수행 평가
give [make] an appraisal of ~을 평가하다

10 compatible

u.s. [kəmpǽtəbəl]

adj. 호환성의

compatibility n. 호환성

Many modern laptops come with adaptable power cords, making them **compatible** with international power outlets.

be compatible with ~와 호환되다, ~와 양립할 수 있다
be compatible existing accounting software
기존의 회계 프로그램과 호환되다

11 initially

u.s. [iníʃəli]

adv. 초기에, 원래는

initial n. 머리 글자, (이름의) 이니셜
adj. 초기의

The advertising campaign was to have **initially** launched yesterday, but it has been delayed.

be hired initially for 6 months 당초 6개월 동안 고용되다
initially estimate that절~ 처음에 ~라고 예측하다
initially planned on + 명사[planned to + 동사원형]
당초 ~하기로 계획된

12 adopt

u.s. [ədápt]
u.k. [ədɔ́pt]

v. 채택하다, 적용하다, 입양하다

adoption n. 채택, 입양

French legislators want to **adopt** a new strategy to improve Paris' subway system.

adopt a proposal 제안을 받아들이다
adopt measures 조치를 강구하다
adopt a relatively lenient policy
상대적으로 관대한 정책을 채택하다

13 booklet

u.s. [búklit]

n. 소책자, 자료집

The company's safety regulations need to be readily available in a **booklet** for all employees to read.

a conference registration booklet 총회 등록용 소책자
the enclosed brochures and detailed technical information booklets
동봉한 안내 책자와 상세한 기술 정보 소책자

---

09 우리 자산을 평가하기 위해 상업 부동산 개발업자가 고용되었다.
10 현대의 많은 노트북 컴퓨터는 국가별 전원 콘센트와 호환되도록 조정할 수 있는 전원 코드가 함께 제공된다.
11 그 광고 캠페인은 어제 처음 선보였어야 했지만 지연되었다.
12 프랑스 입법자들은 파리의 지하철 시스템을 개선하기 위한 새로운 전략을 채택하기를 원한다.
13 회사의 안전 규정은 모든 직원이 읽는 소책자에서 쉽게 찾아볼 수 있어야 한다.

14 durable
[djúərəbl]

adj. 내구성 있는, 튼튼한

durability n. 내구성

GDC Automotive's research and development team is attempting to design a more **durable** breaking system.

a durable material 내구성 있는 재료
durable and easy to use 튼튼하고 사용하기 쉬운

15 boost
[buːst]

n. 상승, 증가
v. 증가시키다, 향상시키다

The new owners created a dramatic **boost** in employee moral by introducing the improved bonus structure.

a boost in prices 물가 상승
boost sales and profitability 판매량과 수익성을 향상시키다
boost[stimulate] the economy 경기를 부양하다

16 colleague
[káliːg]
[kɔ́liːg]

n. 동료, 동업자

The sales conference will be an excellent opportunity to network with **colleagues** and meet new contacts.

a former colleague 전 직장 동료
work well with colleagues 직장 동료들과 잘 지내다

17 environmental
[invàiərənméntl]

adj. 환경의, 주위의

environment n. 환경
environmentally
adv. 환경 보호적으로

Twiggy Lumber's new tree planting program demonstrates how they have made **environmental** sustainability their top priority.

environmental assessment 환경 영향 평가
environmental contamination 환경 오염

---

14 GDC Automotive의 연구 개발팀은 좀 더 내구성 있는 브레이크 시스템을 고안해내려고 시도하고 있다.
15 새로 온 사주들은 향상된 보너스 제도를 도입함으로써 직원들의 사기를 엄청나게 높였다.
16 판매 총회는 동료들과 정보를 교환하고 새로운 친분을 쌓을 수 있는 절호의 기회가 될 것이다.
17 Twiggy 재목의 새로운 식수 프로그램은 그들이 어떻게 환경 지속성을 최우선 순위로 삼았는지를 증명한다.

18 collapse

u.s. [kəlǽps]

n. 붕괴
v. 붕괴하다, 무너뜨리다

It is crucial to update security functions on your computer to prevent the **collapse** of the network.

 the collapse of negotiations 협상의 결렬
the collapse of share prices[the market] 주가[시장]의 붕괴

19 compartment

u.s. [kəmpáːrtmənt]

n. 칸막이, 구획

A new feature of the 2009 Toyota Camry is its hidden **compartment** located under the dashboard.

 overhead compartment 머리 위 짐칸
a first-class compartment 1등실

20 incredible

u.s. [inkrédəbəl]

adj. 놀라운, 믿어지지 않는

incredibly adv. 믿을 수 없을 만큼

The Panasonic XLR stereo system looks great, has **incredible** sound, and is currently on sale.

 incredible gain 엄청난 이익
an incredible price 엄청난 가격

21 detect

u.s. [ditékt]

v. 발견하다, 간파하다

detection n. 간파

If your computer cannot **detect** the scanner, there could be a problem with the connecting wire.

 detect an impending financial crisis
긴박한 재정 위기를 간파하다
detect defective goods on the assembly line
조립 라인에서 불량품을 감지하다

22 duplicate

u.s. [djúːpləkeit]

v. 복사하다, 되풀이하다
n. 사본, 복사(물)
adj. 복제의

duplication n. 복사, 복제

The accounting manager asked me to **duplicate** these documents and give one copy to the CFO.

 make A in duplicate A를 두 통 작성하다, A의 사본을 만들다
duplicate copies of this document 이 서류의 복사본

18 네트워크의 파괴를 막기 위해 컴퓨터의 보안 기능을 업데이트하는 것이 중요하다.
19 2009 Toyota Camry의 새로운 특징은 계기판 아래 숨겨진 도구함이다.
20 Panasonic XLR 스테레오 시스템은 멋진 디자인에, 훌륭한 사운드를 가지고 있으며, 현재 판매 중이다.
21 만약 당신의 컴퓨터가 스캐너를 인식하지 못한다면, 연결선에 문제가 있는 것일 수도 있다.
22 회계 팀장은 내게 이 문서들을 복사하고 한 부를 자금 관리 이사에게 주라고 했다.

23 irrelevant

u.s. [iréləvənt]

adj. 관계가 없는, 무관한

Making a large profit is **irrelevant** to us—the important thing is our customers' satisfaction.

 be irrelevant to ~와 관계 없다
an irrelevant question 무관한 질문

24 discriminate

u.s. [diskrímənèit]

v. 차별하다, 구별하다

discrimination n. 차별

Our company does not **discriminate** against applicants based on gender, race, religion, or disability.

 discriminate A from B A와 B를 구별하다
discriminate against ~을 차별대우하다

25 interpretation

u.s. [intɔ́:rprətèiʃən]

n. 통역, 해석, 설명

interpret v. 해석하다, 통역하다
interpreter n. 해석자, 통역자

We were disappointed that they insisted on such a rigid **interpretation** of the trade rules.

 distorted interpretation 왜곡된 해석
make an interpretation of ~의 의미를 이해하다

26 permanent

u.s. [pɔ́:rmənənt]

adj. 영구적인

permanence n. 영속성
permanently adv. 영구적으로

Many here do not agree that the salaries of temporary employees ought to match those of **permanent** staff.

 permanent job 정규직
permanent worker 정규 직원
cause permanent damages 영구적인 손상을 일으키다

---

23 큰 수익을 창출하는 것은 우리와 관계가 없다. 중요한 것은 우리 고객의 만족이다.
24 저희 회사는 성별, 인종, 종교 혹은 장애 때문에 지원자들을 차별하지 않습니다.
25 우리는 그들이 무역 규정에 대해 그러한 엄격한 해석을 고집한 것에 실망했다.
26 이곳의 많은 사람들은 비정규직 직원들의 봉급이 정규직 직원들의 봉급과 같아야 한다는 데 동의하지 않는다.

27 emerge

[u.s.] [imə́:rdʒ]

v. 나타나다, 드러나다

emergence n. 출현
emerging adj. 신흥의
emergent adj. 출현하는

MGD Automotive is expected to **emerge** as a stronger company after its restructuring process is complete.

 emerge as ~로서 두각을 나타내다
emerge as the market leader 시장의 선두 주자로 부상하다

28 keynote

[u.s.] [kí:nòut]

n. 기조, 기본 방침

Several prominent attendees got up and left in protest at the intermission, infuriating the **keynote** speaker.

 a keynote speaker 기조 연설자
give a keynote address[speech] 기조 연설을 하다

29 designate

[u.s.] [dézignèit]

v. 지정하다, 지명하다

designation n. 지정
designated adj. 지정된

Each department must **designate** one of its team members to attend tomorrow's orientation meeting.

 designate A as B A를 B로 지정하다
designate A to[for] B A를 B에 임명하다

30 obstacle

[u.s.] [ɑ́bstəkəl]
[u.k.] [ɔ́bstəkəl]

n. 장애, 방해(물)

The decision to pay the ransom has removed the last **obstacle** to the hostages' release.

 an obstacle to ~에 대한 장애물
overcome an obstacle 장애(물)를 극복하디

---

27 MGD Automotive는 구조 조정이 끝난 후에 더 강력한 회사로 두각을 나타낼 것으로 기대된다.
28 여러 명의 유명 참석자들이 휴식 시간에 항의의 표시로 일어나 자리를 떠났는데, 이는 기조 연설자를 격분시켰다.
29 각 부서는 내일 있을 오리엔테이션 모임에 참석할 팀원 한 명을 지명해야 한다.
30 몸값을 지불하기로 한 결정은 인질 석방의 마지막 장애물을 제거했다.

Check-up ◀

🎧 Listen and fill in the blanks with the correct words. ◎ MP3

01 Advertising in local newspapers is a less expensive _____ to advertising on the radio.

02 Economists believe the U. S. will have to _____ to a downsized economy following the stock market's crash.

03 SportsHawk offers a wide range of sports _____, including track pants, sweatshirts, and running shoes.

04 Many modern laptops come with adaptable power cords making them _____ with international power outlets.

05 French legislators want to _____ a new strategy to improve Paris' subway system.

06 The new owners created a dramatic _____ in employee moral by introducing the improved bonus structure.

07 The Panasonic XLR stereo system looks great, has _____ sound and is currently on sale.

08 If your computer cannot _____ the scanner, there could be a problem with the connecting wire.

09 Many here do not agree that the salaries of temporary employees ought to match those of _____ staff.

10 Each department must _____ one of its team members to attend tomorrow's orientation meeting.

---

01 지역 신문에 광고하는 것은 라디오에 광고하는 것보다 비용이 저렴한 대안이다. 02 경제학자들은 미국이 주식 시장 폭락으로 축소된 경제에 적응해야 할 것이라고 생각한다. 03 SportsHawk은 트레이닝 바지, 땀복, 그리고 운동화를 포함한 다양한 스포츠 용품을 제공한다. 04 현대의 많은 노트북 컴퓨터는 국가별 전원 콘센트와 호환되도록 조정할 수 있는 전원 코드가 함께 제공된다. 05 프랑스 입법자들은 파리의 지하철 체계를 개선하기 위한 새로운 전략을 채택하기를 제안했다. 06 새로 온 사주들은 향상된 보너스 제도를 도입함으로써 직원들의 사기를 엄청나게 높였다. 07 Panasonic XLR 스테레오 시스템은 멋진 디자인에, 훌륭한 사운드를 가지고 있으며, 현재 판매 중이다. 08 만약 당신의 컴퓨터가 스캐너를 인식하지 못한다면,연결선에 문제가 있는 것일 수도 있다. 09 이곳의 많은 사람들은 비정규직 직원들의 봉급이 정규직 직원들의 봉급과 같아야 한다는 데 동의하지 않는다. 10 각 부서는 내일 있을 오리엔테이션 모임에 참석할 팀원 한 명을 지명해야 한다.

01 affiliate

u.s. [əfílièit]

n. 회원, 계열사, 지부
v. 제휴하다

affiliated adj. 가입한, 계열의

Your business can become an **affiliate** of Wiretap Marketing for only $9.99 per month.

be affiliated with ~와 관계가 있다
affiliate oneself with [to] ~에 가입하다

02 acknowledge

u.s. [əknálidʒ/ik-]
u.k. [əknɔ́lidʒ]

v. 인정하다, 감사하다,
  (편지 등을) 받았음을 알리다

acknowledgment n. 승인, 감사

The accounting department will contact you by e-mail to **acknowledge** the receipt of your payment.

acknowledge a favor 호의에 감사하다
acknowledge a mistake 실수를 인정하다
acknowledge the receipt of ~을 받았다고 통보하다

03 allegedly

u.s. [əlédʒdli/-dʒid-]
u.k. [əlédʒdli]

adv. 주장하는 바에 따르면

alleged adj. (증거 없이) 주장된

Two stockbrokers were taken into police custody today after **allegedly** committing securities fraud.

04 mediate

u.s. [mí:dièit]

v. 조정하다, 중재하다

mediation n. 조정

Negotiators were called in to **mediate** between the two sides; however, the dispute over benefits continues.

mediate a dispute 분쟁을 조정하다

---

01 당신 회사는 매달 9.99달러만 지불하면, Wiretap Marketing의 회원이 될 수 있습니다.
02 회계부는 귀하의 구매 영수증을 받았음을 이메일로 알려드릴 것입니다.
03 두 주식 중개인은 이른바 증권 사기 혐의로 오늘 경찰에 구금되었다.
04 협상자들은 양 진영을 중재하기 위해 소집되었으나 복지에 대한 논쟁은 계속되고 있다.

05 candidate

u.s. [kǽndədèit]

u.k. [kǽndidət]

n. 지원자, 후보자

We are lucky to have found so many worthy **candidates** for the job opening.

review candidates 지원자들을 검토하다
highly qualified candidates 매우 실력 있는 후보자들

06 comparatively

u.s. [kəmpǽrətivli]

adv. 비교적으로, 상당히

compare v. 비교하다
comparison n. 비교, 유사
comparative adj. 비교의
comparable adj. ~와 비교되는

Research shows that human-centered business is **comparatively** more effective in attaining the desired outcomes.

comparatively effective 상당히 효과적인
compare products 제품들을 비교하다
comparative literature 비교문학

07 especially

u.s. [ispéʃəli]

adv. 특히

especial adj. 특별한

Mr. Lockert is **especially** interested in hearing about the results from the last round of tests.

08 acquaint

u.s. [əkwéint]

v. 숙지시키다, 잘 알게 하다

acquaintance n. 지인

The seminar will **acquaint** participants with the newest software designed to help small businesses remain competitive.

acquaint A with B A에게 B를 숙지시키다
be acquainted with ~와 아는 사이다, ~에 정통하다

09 destination

u.s. [dèstənéiʃən]

n. (여행) 목적지

A limousine will be waiting for you at the airport in order to drive you to your **destination**.

a travel destination 여행 목적지
arrive at [reach] one's destination ~의 목적지에 도착하다

---

05 우리는 운 좋게도 빈 일자리에 아주 많은 훌륭한 지원자들을 찾아냈다.
06 그 연구는 인간 중심의 경영이 원하는 결과를 얻어내는 데 비교적 더 효과적이라는 것을 보여준다.
07 Lockert 씨는 특히 마지막 테스트 결과에 대해 듣고 싶어 한다.
08 그 세미나는 참가자들에게 소기업들이 경쟁력을 유지하는 데 도움을 주기 위해 고안된 최신 소프트웨어를 알려줄 것이다.
09 목적지까지 모셔다 드리기 위해 리무진이 공항에서 대기하고 있을 겁니다.

10 effective

u.s. [iféktiv]

adj. 효과적인, 유효한

effect v. 초래하다 n. 효과
effectively adv. 효과적으로

It may not be easy to find an **effective** solution to your problem.

 기출
엿보기
effective in ~에 효과적인
effective against ~에 대해 효과적인
be effective as of today 오늘부터 시행되다

11 markedly

u.s. [má:rkidli]

adv. 현저하게, 눈에 띄게

marked adj. 현저한

Eye-witness accounts of the accident at the mill differ **markedly** from the company's report of what happened.

 기출
엿보기
be markedly different from ~와 현저히 다르다
be markedly placed along the main route
주요 도로를 따라 눈에 띄게 배치되다
tensions markedly reduced between the two parties
양측 사이에서 현저하게 줄어든 긴장감

12 admire

u.s. [ædmáiər/əd-]
u.k. [ədmáiə(r)]

v. 감탄하다

admiration n. 감탄

I have always **admired** my sister's courage for starting her own graphic design company.

 기출
엿보기
admire [at] ~에 감탄하다
admire oneself 자부하다

13 appointment

u.s. [əpɔ́intmənt]

n. 약속, 임명, 지명

appoint v. 임명하다

If you wish to schedule an **appointment**, please contact my secretary at your earliest convenience.

 기출
엿보기
have an appointment with ~와 약속이 되어 있다
schedule an appointment with ~와 약속을 잡다
make [set up] an appointment
약속을 하다, 예약하다[약속을 정하다]

---

10 당신의 문제에 대한 효과적인 해결책을 찾는 것은 쉽지 않을지도 모릅니다.
11 제조 공장에서 일어난 사고에 대한 목격자의 설명은 발생한 사건에 대한 회사의 보고와 현저하게 다르다.
12 자신의 그래픽 디자인 회사를 시작하려는 내 여동생의 용기에 항상 감탄했다.
13 약속을 잡고 싶다면, 가능한 빨리 제 비서에게 연락하시기 바랍니다.

14 equivalent

u.s. [ikwívələnt]

n. 상응하는 것

adj. (가치 · 금액이) ~에 상당하는

equivalence n. 동등

Expressing focal lengths in terms of 35mm **equivalents** makes it easier for individuals to compare digital camera lenses.

 equivalent in ~이 동등한
be equivalent to ~에 상응하다, ~와 같다

15 bill

u.s. [bil]

n. 청구(서)

v. 요금을 청구하다, 청구서를
보내다

The client asked to have his **bill** payments automatically deducted from his credit card.

 electric bill 전기 요금
pay the bill on time 제때에 청구서를 지불하다

16 claim

u.s. [kleim]

n. 지불 청구(액), 주장, 요구

v. 주장하다, 요구하다

Any dental **claims** must be accompanied by a receipt from the dentist's office.

 file a claim 배상을 청구하다
claim responsibility for ~에 대해서 책임을 요구하다

17 factual

u.s. [fǽktʃuəl]

adj. 사실의, 실제의

factually adv. 사실의

Upon reviewing your report, I found several **factual** errors that must be corrected immediately.

기출 엿보기 factual report 사실에 근거한 보고
give a factual account of events
사건에 대해 사실에 입각하여 설명하다

---

14 35mm라는 말로 초점 거리를 표현하는 것은 개인이 디지털 카메라 렌즈를 비교하기 쉽게 해준다.
15 그 고객은 청구 요금이 자동으로 신용카드에서 빠져나가도록 요청했다.
16 모든 치과 보험 청구액은 치과에서 발급한 영수증을 첨부해야 한다.
17 당신의 보고서를 검토하자마자, 저는 즉각 수정되어야 하는 사실과 다른 몇몇 오류들을 찾아냈습니다.

18 **bounce**
u.s. [bauns]

v. (공 등이) 튀다, (수표 등이) 부도가 되어 돌아오다

bouncy adj. 생기 있는

Ace brand tennis balls will last longer and **bounce** higher than any of our competitors' balls.

 기출 엿보기
bounce for ~을 지불하다
bounce back (경기 · 주가 등이) 되살아나다

---

19 **driveway**
u.s. [dráivwèi]

n. 진입로

Follow this road for about a mile until you spot the **driveway** marked with the bright red mailbox.

 기출 엿보기
the driveway at the residence 주택 진입로

---

20 **interpersonal**
u.s. [ìntərpɔ́ːrsənəl]

adj. 대인 관계의

interpersonally adv. 대인 관계에서

The successful applicant will have excellent **interpersonal** skills and an MBA from a recognized postgraduate institution.

 기출 엿보기
develop interpersonal skills 대인 관계 기술을 개발하다
interpersonal communication 상호 의사소통

---

21 **combine**
u.s. [kəmbáin]

v. 연합하다, 결합하다

combination n. 연합, 결합

When water is **combined** with potassium, the resulting reaction can be extremely volatile.

 기출 엿보기
combine into ~로 결합하다
combine A with B A와 B를 결합시키다

---

22 **incentive**
u.s. [inséntiv]

n. 혜택, 장려금

The company's new commission structure provides a better **incentive** for employees to sell more products.

 기출 엿보기
an incentive to ~에 대한 혜택
an incentive for ~을 위한 격려, 장려금
financial incentive 재정적 유인책

---

18 Ace 브랜드의 테니스 공은 경쟁사의 어떤 공보다 더 오래가고 더 높이 튄다.
19 밝은 빨간색 우편함이 있는 진입로를 찾을 때까지 약 1마일 이 길을 따라가세요.
20 성공적인 지원자는 훌륭한 대인 관계 기술과 공인된 대학원의 MBA를 가지고 있다.
21 물이 칼륨과 결합할 때, 반응 결과는 강력한 휘발성을 띨 수 있다.
22 회사의 새로운 수수료 체계는 직원들이 더 많은 상품을 팔도록 더 나은 혜택을 제공한다.

23 obligatory

u.s. [əblígətɔ̀:ri/áblig-]
u.k. [ɔblígətəri]

adj. 의무적인, 필수인

obligatorily adv. 필수적으로

The recently passed law makes it **obligatory** for all out-of-work pensioners to reapply for a benefits extension.

 obligatory for ~에 있어서 필수인
an obligatory subject 필수 과목

24 devise

u.s. [diváiz]

v. 고안하다, 발명하다

device n. 장치, 발명품

Toys & Games Inc. wants to **devise** a new strategy to advertise its retail stores.

 devise economic strategies 경제 전략을 고안하다
devise a practical and effective plan
실용적이고 효과적인 계획을 마련하다

25 memoir

u.s. [mémwɑ:r]

n. (pl.) 회고록, 자서전

memorize v. 기억하다
memory n. 기억(력)
memorial adj. 기념의 n. 기념비

Mr. Levin penned his **memoirs** about his experience fighting the Taliban five years after leaving the Marine Corps.

26 prolonged

u.s. [prəlɔ́:ŋd]
u.k. [prəláŋd]

adj. 장기의, 오래 끄는

prolong v. 연장하다
prolongation n. 연장, 연기

The funds in our discretionary budget will help cushion the effects of a **prolonged** downturn in the economy.

 prolonged economic slump 장기화된 경기 침체
after prolonged negotiations 절충을 거듭한 후에

---

23 최근 통과된 법은 실직 중인 모든 연금 수령자가 연금 연장을 재신청하는 것을 의무화한다.
24 Toys & Games 사는 소매점을 광고하기 위한 새로운 전략을 고안하길 원한다.
25 Levin 씨는 해병대를 떠난 5년 후 탈레반과 싸운 경험에 대해 회고록을 썼다.
26 우리의 임의 예산 기금은 장기화된 경제 침체의 영향을 완화시키는 데 도움이 될 것이다.

27 encounter

(U.S.) [inkáuntər]

v. 마주치다, 직면하다
n. 만남

The new system software seems to **encounter** a recurring problem whenever the computer attempts to download updates.

 encounter many difficulties 많은 어려움에 직면하다
encounter with ~와의 만남

28 observance

(U.S.) [əbzɔ́:rvəns]

n. 준수

observe v. 준수하다
observation n. 관찰
observant adj. 주의 깊은, 준수하는

Our Malaysian branches will be closed on the 12th in **observance** of the scheduled religious holiday.

 in observance of ~을 준수하여, ~을 기념하여
for the observance of ~을 축하하여

29 interfere

(U.S.) [intərfíər]

v. 방해하다, 개입하다

interference n. 방해

Lambert's recent op-ed piece argues that the government **interferes** in the economy too little, not too much.

 interfere in ~에 개입하다
interfere with[between] ~을 방해하다, 해치다

30 periodical

(U.S.) [pìəriádikəl]
(U.K.) [pìəriɔ́dikəl]

n. 정기 간행물, 잡지
adj. 정기적인

period n. 기간
periodic adj. 정기적인
periodically adv. 정기적으로

The easiest way to find a specific **periodical** is to use the SDRI Periodicals Locator.

 a current periodical 최신 호
subscribe to a periodical 정기 간행물을 구독하다

---

27 새로운 시스템 소프트웨어는 컴퓨터가 업데이트 정보를 다운받으려고 할 때마다 반복적 문제가 생기는 것 같다.
28 저희 말레이시아 지점은 예정된 종교상 휴일을 기념하여 12일에 문을 닫을 것입니다.
29 Lambert의 최근 논평은 정부가 경제에 그리 많지 않게, 즉 너무 조금 개입한다고 주장한다.
30 특정 정기 간행물을 찾는 가장 쉬운 방법은 SDRI Periodicals Locator를 이용하는 것이다.

Check-up ◀

🎧 Listen and fill in the blanks with the correct words. Ⓢ MP3

01 The accounting department will contact you by e-mail to _____ the receipt of your payment.

02 It may not be easy to find an _____ solution to your problem.

03 Eye-witness accounts of the accident at the mill differ _____ from the company's report of what happened.

04 If you wish to schedule an _____, please contact my secretary at your earliest convenience.

05 Ace brand tennis balls will last longer and _____ higher than any of our competitors' balls.

06 The successful applicant will have excellent _____ skills and an MBA from a recognized postgraduate institution.

07 The company's new commission structure provides a better _____ for employees to sell more products.

08 The recently passed law makes it _____ for all out-of-work pensioners to reapply for benefits extensions.

09 The funds in our discretionary budget will help cushion the effects of a _____ downturn in the economy.

10 Lambert's recent op-ed piece argues that the government _____ in the economy too little, not too much.

01 회계부는 귀하의 구매 영수증을 받았음을 이메일로 연락드릴 것입니다. 02 당신의 문제에 대한 효과적인 해결책을 찾는 것은 쉽지 않을지도 모릅니다. 03 제조 공장에서 일어난 사고에 대한 목격자의 설명은 발생한 사건에 대한 회사의 보고와 현저하게 다르다. 04 약속을 잡고 싶다면, 가능한 빨리 제 비서에게 연락하시기 바랍니다. 05 Ace 브랜드의 테니스 공은 경쟁사의 어떤 공보다 더 오래가고 더 높이 튄다. 06 성공적인 지원자는 훌륭한 대인 관계 기술과 공인된 대학원의 MBA를 가지고 있다. 07 회사의 새로운 수수료 체계는 직원들이 더 많은 상품을 팔도록 더 나은 혜택을 제공한다. 08 최근 통과된 법은 실직 중인 모든 연금 수령자가 연금 연장을 재신청하는 것을 의무화한다. 09 우리의 임의 예산 기금은 장기화된 경제 침체의 영향을 완화시키는 데 도움이 될 것이다. 10 Lambert의 최근 논평은 정부가 경제에 그리 많지 않게, 즉 너무 조금 개입한다고 주장한다.

Review Test

Choose the best answer and complete the sentence.

01 Throughout the UN publication, the term Prisoners of War is _____ as "PW."

(A) accelerated (B) acquainted (C) abbreviated (D) accommodated

02 After paying for our travel costs and the company payroll, we _____ broke even last month.

(A) barely (B) obviously (C) inevitably (D) abruptly

03 The devices turned out to be a hoax—an elaborate _____ campaign to promote a new late-night TV drama.

(A) banquet (B) publicity (C) property (D) permission

04 News that TR Capital Management and three of its employees are facing charges relating to stock _____ have investors worried.

(A) commands (B) bids (C) manipulations (D) memoirs

05 It is not appropriate under any circumstances to violate the _____ between doctor and patient.

(A) inventory (B) intervention (C) obstacle (D) boundary

06 Ms. Kim made a successful return to the ice, finishing first in the _____ dance Wednesday night.

(A) incompetent (B) irrelevant (C) inevitable (D) compulsory

07 Researchers have found that multitaskers are more easily distracted and less able to ignore _____ information.

(A) disperse (B) irrelevant (C) eminent (D) incredible

08 The Supreme Court of Canada says it is constitutional to _____ against non-citizens applying for federal jobs.

(A) discriminate (B) prolong (C) duplicate (D) detour

01 UN 출판물 전반에 걸쳐 Prisoners of War라는 용어는 'PW'로 축약된다. 02 우리 출장비와 회사 급여를 지급한 후 지난달 겨우 본전치기를 했다. 03 그 장치들은 장난으로 판명났다. 새로운 심야 TV 드라마를 홍보하기 위한 공들여 만든 홍보 캠페인이었다. 04 TR Capital Management와 그 직원 3명이 주가 조작과 관련된 혐의를 받고 있다는 소식은 투자자들을 걱정시켰다. 05 어떤 상황에서도 의사와 환자 사이의 경계선을 넘는 것은 적절하지 않다. 06 Kim 씨는 수요일 밤 규정 댄스 종목을 첫 번째로 끝내며 아이스링크로 성공적으로 복귀했다. 07 연구자들은 다방면에 능한 사람들이 더 쉽게 산만해지고 관련 없는 정보를 무시하지 못한다는 것을 발견했다. 08 캐나다 대법원은 연방직에 지원하는 비시민들을 차별하는 것은 합법이라고 말한다.

09 Our production of oil and gas was the _____ of 733,000 barrels a day last year.

(A) incidental   (B) desirable   (C) equivalent   (D) permanent

10 Half a million UK IT workers experience depression, and most say it _____ with their ability to manage their jobs.

(A) accumulates (B) accomplishes (C) interprets   (D) interferes

11 The health authority is advising people who suffer from _____ medical conditions not to get a flu shot.

(A) feasible   (B) classified   (C) chronic   (D) initial

12 The organization's code of conduct requires all employees to _____ to the highest standards of ethics and integrity.

(A) adjust   (B) admire   (C) adopt   (D) adhere

13 The prime minister has ordered his government to take _____ of cultural treasures housed in all of Russia's museums.

(A) affiliate   (B) inventory   (C) keynote   (D) invoice

14 The board says it is still searching for a suitable site for a new prison to _____ overcrowding.

(A) alleviate   (B) mediate   (C) advocate   (D) acknowledge

15 There is mixed _____ to the company's compensation offer to victims of the hotel fire.

(A) malfunction   (B) manipulation (C) reaction   (D) offset

16 The minister promised to introduce new measures to boost the number of _____ signs on the highways.

(A) decreased   (B) bilingual   (C) obligatory   (D) equivalent

09 석유와 가스 생산량은 작년에 하루에 733,000 배럴에 상응했다. 10 50만의 영국 IT 업종 종사자들은 불황을 겪고 있으며 대부분 자신들의 직업을 관리하는 능력에 방해가 된다고 말한다. 11 보건 당국은 만성적인 질환을 앓고 있는 사람들에게 플루 백신을 맞지 말라고 충고하고 있다. 12 그 단체의 행동 수칙은 모든 직원들이 최고 수준의 윤리와 정직을 지키도록 요구한다. 13 총리는 정부에 러시아의 모든 박물관에 보관된 문화재 목록을 가져오라고 지시했다. 14 이사회는 과밀을 완화하기 위해 새로운 교도소에 적합한 부지를 아직 찾고 있는 중이라고 말한다. 15 호텔 화재의 희생자에게 회사가 보상 제안을 한 것에 대해 엇갈린 반응이 있다. 16 장관은 고속도로에 2개 국어가 들어간 표지판의 수를 늘리는 새로운 방안을 도입하겠다고 약속했다.

토익 보카 공부하는 방법

토익
800+
필수보카

Week1

Week2

Week3

Week4

Day 06

🔊 MP3.

01 retailer

[U.S.] [ríːteilər]

n. 소매 상인

retail v. 소매하다
adj. 소매(상)의

Many **retailers** have responded to the economic downturn by holding sales to encourage consumer spending.

02 advantageous

[U.S.] [ædvəntéiʒəs]

adj. 유리한

advantage n. 이점, 강점

CBAL Industry's impending bankruptcy could provide our business with an **advantageous** opportunity to increase our revenue.

 기출 엿보기
advantageous to ~에게 유리한
clearly advantageous 확실히 유리한

03 dispute

[U.S.] [dispjúːt]

n. 논쟁, 토론
v. 논쟁하다, 토론하다

dispution n. 논쟁, 논의
disputable
adj. 논의되어야 할, 의심스러운

We have reviewed the issues in **dispute** for several days, but we have not yet arrived at a decision.

 기출 엿보기
in dispute 미해결의 논쟁 중인
dispute on ~에 대한 논의
labor dispute 노사 분규

04 redeem

[U.S.] [ridíːm]

v. 되찾다, 상환하다

redeemable adj. 되찾을 수 있는

Investors **redeemed** $8.4 billion worth of mutual funds in November, up $19.8 million from only a month earlier.

기출 엿보기
redeem from ~로부터 되찾다
redeem a gift certificate 상품권을 물건으로 바꾸다

---

01 많은 소매상들은 세일로 고객들의 소비를 장려함으로써 경기 침체에 대응한다.
02 CBAL 사의 파산 임박은 우리 사업에 수익을 증가시킬 유리한 기회를 제공해 줄 수 있을 것이다.
03 며칠 동안 논쟁 중인 사안들을 검토했으나 아직 결론에 도달하지 못했다.
04 투자자들은 불과 한 달 전보다 1980만 달러 상승한 84억 달러의 뮤추얼 펀드를 11월에 상환했다.

05 effort

u.s. [éfərt]

n. 노력

Asian automotive companies are making a strong **effort** to develop economical and fuel efficient automobiles.

> 기출
> 엿보기
> make an effort 노력하다
> in an effort to + 동사원형 ~하려는 노력

06 anonymous

u.s. [ənʌ́nəməs]

u.k. [ənɔ́nəməs]

adj. 익명의

anonymously adv. 익명으로

An **anonymous** donor has given $35,000 to help fund cancer research at West General Hospital.

> 기출
> 엿보기
> remain anonymous 익명으로 남다
> an anonymous donor[benefactor] 익명의 기증자[후원자]

07 brightly

u.s. [bráitli]

adv. 밝게, 빛나게

brighten v. 빛나게 하다
bright adj. 빛나는

At this week's G20 summit, the spotlight is shining most **brightly** on national leaders.

> 기출
> 엿보기
> brightly lit parking area 밝게 불이 켜진 주차장

08 penetrate

u.s. [pénətrèit]

v. 관통하다, 스며들다

penetration n. 관통, 침투

The report revealed that HIV-AIDs will **penetrate** further into China, Russia, and India in the decades to come.

> 기출
> 엿보기
> penetrate into ~의 내부로 잠입하다
> penetrate deeply 깊게 관통하다

09 investigation

u.s. [invèstəɡéiʃən]

n. 조사

investigate v. 조사하다
investigative adj. 조사의

The police are starting an **investigation** into several companies suspected of unfair business practices.

> 기출
> 엿보기
> under investigation 조사 중인
> conduct an investigation 조사하다

---

05 아시아 자동차 회사들은 경제적이고 연료 효율적인 자동차를 개발하기 위해 엄청난 노력을 하고 있다.
06 익명의 기부자가 암 연구 기금으로 3만 5천 달러를 West General 병원에 기부했다.
07 이번 주 G20 정상 회담에서, 국가 지도자들이 가장 많은 각광을 받고 있다.
08 그 보고는 향후 수십 년 후 후천성 면역 결핍증인 에이즈가 중국, 러시아, 인도에 더 침투할 것이라고 밝혔다.
09 경찰은 불공정한 사업 관행이라는 혐의를 받은 몇몇 회사들에 대한 조사에 착수할 것이다.

10 conscious

u.s. [kánʃəs]
u.k. [kɔ́nʃəs]

adj. 알고 있는, 자각하고 있는

consciousness n. 의식, 인식
consciously adv. 의식적으로

Every member of the team is **conscious** about how important this project is for the company's future.

be conscious of ~을 알고 있다
fully conscious 충분히 알고 있는

11 affix

u.s. [əfíks]

v. 붙이다, 첨부하다

You must **affix** the price tags on all the DVDs before displaying them on the shelf.

affix A to B A를 B에 붙이다
affix a label to ~에 라벨을 붙이다

12 output

u.s. [áutpùt]

n. 생산량, 결과물

The production **output** from our southern manufacturing plant has proceeded according to plans.

annual [daily] output 연간[일일] 생산량
increase [raise] output 생산량이 증가하다

13 deliberately

u.s. [dilíbrətli]

adv. 고의적으로, 신중하게

deliberate adj. 고의적인, 신중한
v. 숙고하다

It is the opinion of the legal prosecutor that Mr. Hammel sought to **deliberately** deceive the stockholders.

deliberate in ~에서 신중한
deliberate about [on, over] ~에 대해 숙고하다
deliberately starting a fire 고의적으로 불을 지른

---

10 그 팀의 모든 팀원은 이 프로젝트가 회사의 미래에 얼마나 중요한지에 대해 알고 있다.
11 모든 DVD는 선반에 진열하기 전에 가격표를 부착해야 한다.
12 남부 제조 공장의 생산량은 계획대로 진행되고 있다.
13 Hammel 씨가 고의로 주주들을 속이려 했다는 것이 검사의 의견이다.

14 obey

u.s. [oubéi]

v. 복종하다

obedience n. 복종, 순종
obedient adj. 순종하는

The government will investigate any business that is suspected of not **obeying** environmental protection laws.

 obey traffic rules 교통 법규를 지키다
obey one's superiors 상사의 (명령을) 따르다

15 assessment

u.s. [əsésmənt]

n. 평가

assess v. 평가하다

A recent **assessment** of the property states that the wiring and plumbing systems must be upgraded.

 a tax assessment 조세 평가
take an assessment ~을 측정하다

16 extreme

u.s. [ikstrí:m]

adj. 극도의, 과격한
n. 극단

extremely adv. 극단적으로

Extreme changes to the company's benefits plan angered many senior employees.

 in the extreme 극도로
use extreme care 각별히 주의하다, 신경을 쓰다
be packed with extreme care 매우 조심스럽게 포장되다

17 anticipate

u.s. [æntísəpèit]

v. 예상하다, 기대하다

anticipation n. 예상
anticipated adj. 예상되는

If our proposal is to be successful, we must **anticipate** any objections that the CEO may have.

 anticipate + (동)명사 ~할 것을 예상하다
anticipate increased revenue 매출 증대를 기대하다

---

14 정부는 환경 보호법을 지키지 않은 것으로 의심되는 업체는 모두 조사할 것이다
15 최근의 부동산 평가에서 배선 및 배관 시스템을 개선할 필요가 있음이 나타났다.
16 회사 복리 후생 제도의 극단적인 변화는 많은 신입 직원들을 화나게 했다.
17 우리 제안이 성공하려면, 우리는 최고 경영자가 제기할 수 있는 어떠한 반대도 예상해야 한다.

18 proximity

u.s. [prάksiməti]

u.k. [prɔ́ksiməti]

n. 근접, 접근

The best thing about the location of our new retail outlet is its **proximity** to the town center.

 in the proximity of ~의 부근에
in close proximity to ~에 근접하여

19 fluent

u.s. [flú:ənt]

adj. 유창한, 부드러운

fluency n. 유창함
fluently adv. 유창하게

Ms. Tanner was hired to work as a translator because she is **fluent** in several languages.

 be fluent in ~을 유창하게 구사하다
speak fluent English 영어를 유창하게 말하다

20 burst

u.s. [bə:rst]

v. 폭발하다, 갑작스레 ~하다
n. 폭발, 파열

A **burst** pipe forced hundreds of workers at two downtown L.A. office buildings to take an extra day off.

 burst open 활짝 열리다
burst pipe 수도관 파열

21 component

u.s. [kəmpóunənt]

n. 구성 요소, 부품
adj. 구성하는

DLX shocks are a key **component** to the vehicle's ability to maintain a smooth ride.

 electronic components 전자 제품
assemble components 부품을 조립하다

22 inaccurate

u.s. [inǽkjərit]

adj. 부정확한

inaccuracy n. 부정확

Please notify the payroll department if you find any **inaccurate** personal information on your paycheck.

 inaccurate information 부정확한 정보
factually inaccurate news 사실과 나른 뉴스

---

18 새로운 소매점 위치의 가장 좋은 점은 시내 중심가에 근접해 있다는 것이다.
19 Tanner 씨는 몇 개 국어에 능통하기 때문에 번역가로 고용되었다.
20 수도관 파열로 로스앤젤레스 시내의 사무실 건물 두 곳에서 일하는 수백 명의 근로자들은 하루 더 쉴 수밖에 없었다.
21 DLX 완충 장치는 그 차가 부드러운 승차감을 유지할 수 있도록 하는 주요한 요소이다.
22 급료 지불 수표에 부정확한 개인 정보가 있으면, 경리부에 알려주십시오.

23 complement

u.s. [kámpləmənt]
u.k. [kɔ́mpləmənt]

v. 보완하다
n. 보충물

complete v. 완성하다
complementary
adj. 서로 보완하는

The course work will be **complemented** by lectures, workshops, and an internship with an advertising company.

 a complement to ~에 대한 보완물

24 delegate

u.s. [déligət/-gèit]
u.k. [déligət]

v. 대표로 파견하다, 위임하다
n. 대리자, 대표자

delegation n. (집합적) 대표단, 위임

The project manager will **delegate** specific tasks to team members at Monday's department meeting.

 delegate A to B A를 B에게 위임하다
a delegate to ~에 파견된 대표

25 punctual

u.s. [pʌ́ŋktʃuəl]

adj. 시간을 잘 지키는

punctuality n. 시간 엄수
punctually adv. 시간을 엄수하여

Provided we have a **punctual** start to the meeting, we expect to be finished by 3:00 p.m.

 be punctual 시간을 엄수하다
punctual about[in] 정확히 ~하는

26 devote

u.s. [divóut]

v. 전념하다, 바치다

devotion n. 전념, 헌신
devoted adj. 헌신적인

We must **devote** our time to completing this project before moving on to our next task.

 devote A to B A를 B에 바치다
be devoted to A A에 전념하다
a devoted employee 헌신적인 직원

---

23 교과 학습은 강의, 워크숍 그리고 광고 회사에서의 연수로 보완될 것이다.
24 그 프로젝트 매니저는 월요일 부서 회의에서 팀원들에게 특정 과업을 위임할 것이다.
25 우리가 회의 시작 시간을 잘 지킨다면, 오후 3시에는 끝날 것으로 예상한다.
26 우리는 다음 과제로 넘어가기 전에 이 프로젝트 완수에 전념해야 한다.

27 proficient

[U.S.] [prəfíʃənt]

adj. 능숙한, 숙달한

proficiency n. 능숙, 숙달

Although Mr. Timbers is **proficient** in the local dialect, he lacks the required minimum level of postgraduate education.

 be proficient at [in] ~에 능숙한
become thoroughly proficient in English
영어에 완전히 숙달되다

---

28 implement

[U.S.] [ímpləmənt]

v. 실행하다, 실시하다
n. 도구, 기구

implementation n. 실행, 완성

The board of directors will consult on how best to **implement** the analyst's recommendations.

 implement market research studies
시장 조사 연구를 수행하다
implement plans [procedures, campaigns]
계획[절차, 운동]을 실행에 옮기다

---

29 category

[U.S.] [kǽtəgɔ̀ːri]
[U.K.] [kǽtəgəri]

n. 범주, 부문

categorize v. 분류하다

When returning files to the cabinet, please remember to place them in the right **category**.

 fall [fit] into a category ~의 범주에 들어가다
assign [put into] a category ~의 범주에 넣다

---

30 modify

[U.S.] [mádəfài]
[U.K.] [mɔ́dəfài]

v. 변경하다, 수정하다

modification n. 변경, 수정

Instead of rejecting mail outright, the system returns the mail form and asks users to **modify** the address.

 genetically modified 유전자 조작된
modify the recruitment policy 채용 방침을 변경하다

---

27 비록 Timbers 씨가 지역 방언에 능숙하기는 하지만 대학원 졸업자라는 최소 필수 기준을 충족시키지 못한다.
28 이사회는 분석가의 권고를 가장 잘 수행할 수 있는 방법에 대해 협의할 것이다.
29 파일을 캐비닛에 다시 넣을 때에는 올바른 범주에 넣는 것을 잊지 마세요.
30 그 시스템은 메일을 즉각적으로 거부하는 대신, 메일을 반송하고 사용자들이 주소를 수정하게끔 한다.

Check-up ◀

🎧 Listen and fill in the blanks with the correct words. ⊚ MP3

01 We have reviewed the issues in _____ for several days, but we have not yet arrived at a decision.

02 The police are starting an _____ into several companies suspected of unfair business practices.

03 You must _____ the price tags on all the DVDs before displaying them on the shelf.

04 A recent _____ of the property states that the wiring and plumbing systems must be upgraded.

05 If our proposal is to be successful, we must _____ any objections that the CEO may have.

06 DLX shocks are a key _____ to the vehicle's ability to maintain a smooth ride.

07 Please notify the payroll department if you find any _____ personal information on your paycheck.

08 The project manager will _____ specific tasks to team members at Monday's department meeting.

09 The board of directors will consult on how best to _____ the analyst's recommendations.

10 Instead of rejecting mail outright, the system returns the mail form and asks users to _____ the address.

---

01 며칠 동안 논쟁 중인 사안들을 검토했으나 아직 결론에 도달하지 못했다. 02 경찰은 불공정한 사업 관행이라는 혐의를 받은 몇몇 회사들에 대한 조사에 착수할 것이다. 03 모든 DVD는 선반에 진열하기 전에 가격표를 부착해야 한다. 04 최근의 부동산 평가에서 배선 및 배관 시스템을 개선할 필요가 있음이 나타났다. 05 우리 제안이 성공하려면, 우리는 최고 경영자가 제기할 수 있는 어떠한 반대도 예상해야 한다. 06 DLX 완충 장치는 그 차가 부드러운 승차감을 유지할 수 있도록 하는 주요한 요소이다. 07 급료 지불 수표에 부정확한 개인 정보가 있으면, 경리부에 알려주십시오. 08 그 프로젝트 매니저는 월요일 부서 회의에서 팀원들에게 특정 과업을 위임할 것이다. 09 이사회는 분석가의 권고를 가장 잘 수행할 수 있는 방법에 대해 협의할 것이다. 10 그 시스템은 메일을 즉각적으로 거부하는 대신, 메일을 반송하고 사용자들이 주소를 수정하게끔 한다.

Day 07

🎧 MP3

01 vision
u.s. [víʒən]

n. 시력, 비전, 통찰력

visual adj. 시각의
visionary adj. 선구적인

Ms. Darcy's **vision** was achieved when she witnessed her father's steel mill celebrate its 50th anniversary.

a man of vision 통찰력 있는 사람
vision insurance 안과 보험
the distance of vision 가시 거리

02 advisable
u.s. [ædváizəbl/əd-]
u.k. [ədváizəbl]

adj. 바람직한, 합당한

advise v. 조언하다
advice n. 조언, 충고

It is **advisable** for all applicants to have some prior experience working in public relations.

It is advisable to + 동사원형[that절] ~하는 것이 바람직하다

03 adversely
u.s. [ædvə́ːrsli]

adv. 불리하게, 반대로

adverse adj. 불리한

The increased value of our currency has **adversely** affected the nation's ability to export goods.

adversely affect customers
고객들에게 부정적으로 영향을 주다
adversely affect the stock market
주식 시장에 악영향을 끼치다

04 refrain
u.s. [rifréin]

v. 자제하다, 삼가다

Members of the press, please **refrain** from asking questions of the speaker until the presentation has concluded.

refrain from ~을 자제하다
refrain from using the mobile phone
휴대 전화 사용을 금하다

01 Darcy 씨의 비전은 아버지의 제강 공장이 50주년을 맞는 것을 보는 순간 실현되었다.
02 모든 지원자들은 홍보 분야에서 일한 경력이 있는 것이 바람직하다.
03 통화 가치의 상승은 국가의 상품 수출 능력에 부정적인 영향을 끼쳤다.
04 기자 여러분께서는 발표가 끝날 때까지 연사에게 질문을 자제해 주시기 바랍니다.

05 estate
[u.s.] [istéit]

n. 재산(권), 소유지

The **estate** of former COU president William Chandler will be inherited by his eldest son.

real estate 부동산
real estate agent 부동산 중개인
administer an estate 재산을 관리하다

06 associate
[u.s.] [əsóuʃièit]

v. 관련시키다, 연상하다, 교제하다
n. 동료

association n. 제휴, 연합, 단체
associated adj. 관련된, 동료의

As an international entrepreneur, I tend to **associate** with businesspeople from many different backgrounds.

be associated with ~와 관련되다
in association with ~와 제휴하여
an associate member 준회원
work with business associates 사업 제휴자와 협력하다

07 densely
[u.s.] [densli]

adv. 밀집하여

density n. 밀도
dense adj. 밀집한

The area was **densely** forested until the logging company cut down the trees for lumber.

densely tightly packed 꽉 찬
densely heavily populated 인구가 밀집한

08 question
[u.s.] [kwéstʃən]

v. 이의를 제기하다, 질문하다
n. 질문, 문제

questionless adj. 의심 없는, 명백한

Almost 70% of those **questioned** thought the economic recession was going to get worse before year-end.

question about ~에 대해 질문하다, 의심하다
raise a question 문제를 제기하다, 문제 삼다
call A into question A를 의심하다
beyond question[doubt, dispute] 의심할 여지가 없는

---

05 전 COU 사장인 William Chandler의 재산은 그의 장남에게 상속될 것이다.
06 국제적 기업가로서, 나는 다양한 배경을 가진 사업가들과 어울리는 경향이 있다.
07 그 지역은 벌목 회사가 목재용 나무를 베기 전까지 빽빽히 산림이 조성되어 있었다.
08 질문을 받은 응답자의 약 70%가 연말이 되기 전에 경기 침체가 더 악화될 것이라고 생각했다.

09 position

u.s. [pəzíʃən]

n. 위치, 입장, 자세

If you are interested in the **position** of general manager, I can get you an interview.

offer a position with A A의 자리를 제공하다
consolidate its position 입지를 강화하다

10 consecutive

u.s. [kənsékjətiv]

adj. 연속적인

consecution n. 연속, 일관성
consecutively adv. 연속적으로

The market price of rice and grain has increased for the sixth **consecutive** month.

for three consecutive years 3년 연속으로
win three consecutive games 3연승하다

11 afford

u.s. [əfɔ́ːrd]

v. (시간 · 경제적으로) ~할 여유가 있다

affordable
adj. (값이) 알맞은, 구입할 수 있는

My sister cannot **afford** to purchase a new car unless she receives a loan from the bank.

can afford + 명사 ~을 구입할 돈이 있다
can[cannot] afford to + 동사원형
~을 할 수 있다[~을 할 여유가 없다]

12 apparatus

u.s. [æpərǽtəs]
u.k. [æpəréitəs]

n. 장치, 장비

The training session will provide employees with the opportunity to operate various types of safety **apparatus**.

a heating apparatus 난방 장치
security[a wireless] apparatus 안전[무선] 장치

13 delicate

u.s. [délikət]
u.k. [délikit]

adj. 섬세한, 민감한, 부드러운

delicacy n. 민감

L'noir's new line of facial creams has a light, **delicate** fragrance that women will love.

delicate issue 민감한 사안
delicate fabrics 민감한 소재
sensitive and delicate skin 민감하고 약한 피부

---

09 이사직에 관심이 있으시면, 면접 기회를 드릴 수 있습니다.
10 쌀과 곡물의 시장 가격이 6개월 연속 상승했다.
11 언니는 은행에서 대출을 받지 않는 한, 새 차를 구입할 수 없다.
12 그 교육 과정은 직원들에게 다양한 형태의 안전 장비를 작동시킬 수 있는 기회를 제공할 것이다.
13 L'noir가 선보인 새로운 얼굴 마사지 크림은 여성들이 좋아할 만한 가볍고 부드러운 향이다.

14 assert

u.s. [əsə́:rt]

v. 단언하다, 주장하다

assertion n. 단언

assertive adj. 단정적인

Last month's report **asserts** that customers reacted positively to our new marketing campaign.

 assert that절 ~라고 강력히 주장하다
assert one's right [claims, liberties]
~의 권리[요구, 자유]를 주장하다

15 asset

u.s. [ǽset]

n. (pl.) 재산, 자산

We have been considering selling some of our company's **assets** to help generate more income.

 the sale of assets 자산 매각
accumulate assets for retirement
은퇴를 대비해 재산을 모으다

16 fabulous

u.s. [fǽbjələs]

adj. 멋진, 뛰어난

We are convinced that the office will look absolutely **fabulous** once the renovations are complete.

 fabulous wealth 엄청난 재산
a fabulous party 멋진 파티

17 cater

u.s. [kéitər]

v. 음식물을 제공하다

caterer n. 출장 연회 업체

catering n. 출장 연회업

The Anti-Poverty Foundation's annual fundraising banquet will be **catered** by the noted chef, Charles Duggan.

 cater for the party 파티에 음식을 준비하다
food poisoning presumably caused by catered sushi
연회 음식으로 마련된 스시로 인해 발병한 것으로 보이는 식중독

---

14 지난달 보고서에 의하면, 고객들이 우리의 새로운 마케팅 캠페인에 긍정적인 반응을 보였다고 자신한다.
15 더 많은 수입을 창출하는 데 도움이 되기 위해 회사의 자산 중 일부를 매각하는 것을 고려하고 있다.
16 수리가 완성되면, 사무실이 정말로 멋져 보일 것이라고 우리는 확신한다.
17 빈곤 추방 재단의 연례 기금 모금 연회는 유명한 요리사인 Charles Duggan이 음식을 담당할 것이다.

18 qualification
u.s. [kwὰləfəkéiʃən]
u.k. [kwɔ́ləfəkéiʃən]

n. 자질, 자격

qualify v. 자격이 있다, 권한을 주다
qualified adj. 자격 있는

The foundation certificate is the minimum **qualification** required to teach English in most colleges in the U.S.

qualification for ~에 대한 자격
outstanding qualifications 두드러진 자격 요건
meet the minimum qualifications 최소한의 자격을 갖추다

19 improper
u.s. [imprάpər]
u.k. [imprɔ́pər]

adj. 부적절한, 잘못된

improperly adv. 부적절하게

Companies that are charged with **improper** garbage disposal practices can incur heavy fines.

improper operation 부적절한 운영
improper use of the tool 기구의 부적절한 사용

20 demolish
u.s. [dimάliʃ]
u.k. [dimɔ́liʃ]

v. 파괴하다

demolition n. 파괴

The old factory building on Gravel Street is scheduled to be **demolished** on Friday.

demolish a building 건물을 철거하다
demolish one's argument ~의 주장을 뒤엎다

21 celebration
u.s. [sèləbréiʃən]

n. 축하(연), 기념(식)

celebrate v. 축하하다, 기념하다

The company's 10th anniversary **celebration** will be held at the Grand Marriot Hotel on Saturday night.

in celebration of ~을 축하하여
have[hold] a celebration 축하연을 열다

18 기초 과정 수료는 미국 대부분의 대학에서 영어를 가르치기 위해 필요한 최소한의 자격이다.
19 부적절한 쓰레기 처리 관행으로 기소된 회사들은 무거운 벌금을 낼 수도 있다.
20 Gravel 가에 있는 낡은 공장 건물은 금요일에 철거될 예정이다.
21 회사의 10주년 기념식은 토요일 밤 Grand Marriot 호텔에서 열릴 것이다.

22 overdue

u.s. [òuvərdjú:]

adj. 미불의, 늦은

Changes to the tax system are long **overdue**, but no decisions are likely until after the next general election.

 be overdue 지불 기한이 지나다
payment of overdue charges 연체 가산금의 지불
a payment that has been overdue since February 28
2월 28일 이후로 미납된 지불액

23 engage

u.s. [engéidʒ]

v. 관여하다, 종사하다

engagement n. 약속
engaged adj. 약혼한, 통화 중인

Mr. Peterson wants to **engage** us in a lengthy conversation about the progress of our research.

 engage in ~에 참여하다
A be engaged in B A가 B에 참여하다

24 diagnosis

u.s. [dàiəgnóusis]

n. 진단, 분석

diagnose v. 진단하다
diagnostic adj. 진단의

We are developing new medical equipment which will allow physicians to make a faster **diagnosis** of cancer.

 confirm a diagnosis 진단을 확인하다
make an exact diagnosis 정확한 진단을 내리다

25 reluctant

u.s. [rilʌ́ktənt]

adj. 내키지 않는, 꺼리는

reluctance n. 마지못해 함
reluctantly adv. 주저하며

The head office is **reluctant** to get involved in a dispute between suppliers, but we are willing to mediate.

 be reluctant to + 동사원형 ~하기를 꺼려 하다
be very reluctant to admit one's mistake
겨우 마지못해 ~의 실수를 인정하다

---

22 세금 제도의 변화가 한참 늦은 감이 있지만 다음 총선 이후까지는 어떠한 결정도 내려지지 않을 것이다.
23 Perterson 씨는 우리를 연구 진행에 관한 장황한 대화에 참여시키고 싶어 한다.
24 우리는 내과 의사들이 더 빨리 암 진단을 내릴 수 있게 해줄 새 의료 장비를 개발하고 있다.
25 본사는 공급 업체 간의 분쟁에 개입하기를 원치 않지만 우리는 기꺼이 중재할 의향이 있다.

26 impose

[u.s] [impóuz]

v. 부과하다, 강요하다

imposition n. 부과

The government has announced that it will not **impose** trade restrictions on imports of foreign lumber.

 impose A on B A를 B에 부과하다
impose restrictions [constraints] 제한을 가하다

27 profession

[u.s] [prəféʃən]

n. 직업, 고백

profess v. 공언하다
professional adj. 직업의

Encouragingly, the report notes that thirty percent of patent-lawyers entering the **profession** are women.

 by profession 직업은
practice a profession 개업하다

28 infect

[u.s] [infékt]

v. 감염시키다, 감염되다

infection n. 전염
infected adj. 감염된
infectious adj. 전염성의

I don't want George to **infect** the rest of the staff with his flu.

 be infected with ~에 감염되다

29 caution

[u.s] [kɔ́ːʃən]

n. 주의, 조심
v. 주의시키다

cautious adj. 조심성 있는, 신중한
cautiously adv. 조심스럽게, 주의 깊게

Officials from the Ministry of Transportation advise using extreme **caution** when driving through Davisway County.

 with caution 조심하여, 신중히
use [exercise] caution 조심하다
caution A about [against] B A에게 B에 대해 주의를 주다

30 outweigh

[u.s] [àutwéi]

v. (가치 · 중요성이) ~보다 크다

The physician on duty at the time explained that the benefits of the treatment far **outweighed** any risks.

 far outweigh 훨씬 더 중요하다
outweigh the risks 위험을 무릅쓰다

---

26 정부는 외국 수입 목재들에 무역 제한을 부과하지 않을 것이라고 발표했다.
27 격려하듯이, 보고서는 그 직종에 몸담고 있는 특허 변호사 중 30%가 여성임에 주목한다.
28 나는 George가 나머지 직원들에게 독감을 옮기지 않기를 바란다.
29 교통부 공무원들은 Davisway 카운티에서 운전할 때 각별히 주의하라고 충고한다.
30 그 당시 근무 중이던 내과 의사는 치료 효과가 어떠한 위험보다도 훨씬 크다고 설명했다.

Check-up ◀

🎧 Listen and fill in the blanks with the correct words. 🔘 MP3

01 The increased value of our currency has _____ affected the nation's ability to export goods.

02 Members of the press, please _____ from asking questions of the speaker until the presentation has concluded.

03 The area was _____ forested until the logging company cut down the trees for lumber.

04 Almost 70% of those _____ thought the economic recession was going to get worse before year-end.

05 The market price of rice and grain has increased for the sixth _____ month.

06 Last month's report _____ that customers reacted positively to our new marketing campaign.

07 The old factory building on Gravel Street is scheduled to be _____ on Friday.

08 Changes to the tax system are long _____, but no decisions are likely until after the next general election.

09 Encouragingly, the report notes that thirty percent of patent-lawyers entering the _____ are women.

10 Officials from the Ministry of Transportation advise using extreme _____ when driving through Davisway County.

01 통화가치의 상승은 국가의 상품 수출 능력에 부정적인 영향을 끼쳤다. 02 기자 여러분께서는 발표가 끝날 때까지 연사에게 질문을 자제해 주시기 바랍니다. 03 그 지역은 벌목 회사가 목재용 나무를 베기 전까지 빽빽히 산림이 조성되어 있었다. 04 질문을 받은 응답자의 약 70%가 연말이 되기 전에 경기 침체가 더 악화될 것이라고 생각했다. 05 쌀과 곡물의 시장 가격이 6개월 연속 상승했다. 06 지난달 보고서에 의하면, 고객들이 우리의 새로운 마케팅 캠페인에 긍정적인 반응을 보였다고 자신한다. 07 Gravel 가에 있는 낡은 공장 건물은 금요일에 철거될 예정이다. 08 세금 제도의 변화가 한참 늦은 감이 있지만 다음 총선 이후까지는 어떠한 결정도 내려지지 않을 것이다. 09 격려하듯이, 보고서는 그 직종에 몸담고 있는 특허 변호사 중 30%가 여성임에 주목한다. 10 교통부 공무원들은 Davisway 카운티에서 운전할 때 각별히 주의하라고 충고한다.

 MP3

01 vehicle

[U.S.] [víːikl/víːhi-]
[U.K.] [víːikl]

n. 차량, 운송 수단

The senior executive was awarded the use of a company **vehicle** upon his promotion.

 기출 엿보기
vehicle safety 차량 안전
vehicle insurance 자동차 보험

02 affluent

[U.S.] [ǽflu(ː)ənt/əflúː-]
[U.K.] [ǽfluənt]

adj. 풍부한, 부유한

affluently adv. 풍부하게

Richard could afford to attend Harvard University because he comes from an **affluent** family.

 기출 엿보기
an affluent residential area 부유층 거주 지역
land affluent in resources 자원이 풍부한 땅

03 aggressively

[U.S.] [əgrésivli]

adv. 공격적으로, 적극적으로

aggress v. 공격하다
aggression n. 공격
aggressive adj. 적극적인

The Fatamile Group has been **aggressively** pursuing the acquisition of Diamond Steel Corp. since early last year.

 기출 엿보기
expand aggressively 공격적으로 확장하다
be competing aggressively with
~와 적극적으로 경쟁하고 있다

04 reimburse

[U.S.] [rìːimbə́ːrs]

v. 환급하다, 상환하다

reimbursement n. 상환

The airline said that it would **reimburse** all passengers for the cost of the overnight hotel stay.

 기출 엿보기
reimburse + 비용 비용을 변제하다
reimburse A for B A에게 B를 변제하다

---

01 그 고위 간부는 승진함에 따라 회사 차를 사용할 수 있게 되었다.
02 Richard는 유복한 가정 출신이기 때문에 하버드 대학에 다닐 형편이 되었다.
03 Fatamile Group은 작년 초부터 Diamond Steel 사의 인수를 적극적으로 추진해 오고 있다.
04 항공사는 모든 승객들에게 호텔 1박 비용을 환급해 주겠다고 말했다.

05 experiment

u.s. [ikspérəmənt]

n. 실험
v. 실험하다

experimental adj. 실험의
experimentally adv. 실험적으로

Z-RAY has begun an **experiment** to develop safer and more efficient radiology machines.

 기출
엿보기
experiment with ~을 실험하다
data from the experiment 실험에서 도출한 자료

---

06 conventional

u.s. [kənvénʃənəl]

adj. 전통적인, 진부한, 일반적인

convention n. 회의, 관습

Many successful organizations hire young, gifted employees that challenge **conventional** business practices.

 기출
엿보기
conventional wisdom 일반 통념
advantages over conventional bookstores
일반적인 서점에 비해 유리한 점

---

07 inherently

u.s. [inhíərəntli]

adv. 본래, 원래

inherent adj. 고유의

The loan officer felt that there was something **inherently** wrong with the applicant's business model.

 기출
엿보기
not inherently dangerous 원래 위험하지 않은
inherently risky investment 본래 위험한 투자

---

08 relieve

u.s. [rilíːv]

v. 경감하다, 안도하게 하다

relief n. 경감, 구제
relieved adj. 안도한

The chairperson was **relieved** to hear that accountability for the accident would not rest with the company.

 기출
엿보기
relieve A of B A로부터 B의 부담을 덜어주다
be relieved to + 동사원형 ~하게 되어 안도하다

---

05 Z-RAY는 더 안전하고 효율적인 방사선 기계를 개발하기 위한 실험을 시작했다.
06 많은 성공적인 기업들은 진부한 기업 관습에 도전할 젊고, 재능 있는 직원들을 고용한다.
07 그 대출 담당자는 신청자의 사업 모델에 본질적으로 무엇인가 잘못되었음을 느꼈다.
08 회장은 사고에 대한 책임이 회사로 돌아가지는 않을 것이라는 이야기를 듣고 안도했다.

09 praise
[U.S.] [preiz]

n. 칭찬
v. 칭찬하다

praiser n. 칭찬하는 사람

Your sales associates deserve high **praise** for the incredible results they achieved last month.

 give praise to A A에게 찬사를 보내다
be praised for ~로 호평을 받다
praise strongly [highly] 크게 칭찬하다

10 enormous
[U.S.] [inɔ́ːrməs]

adj. 막대한, 엄청난

enormously adv. 엄청나게

Simon Johnson received an **enormous** commission for selling eight houses this past month.

 the enormous potential market 엄청난 잠재 시장
enormous amount of money [effort] 막대한 돈[노력]

11 aggravate
[U.S.] [ǽɡrəvèit]

v. 화나게 하다, 악화시키다

aggravation n. 악화(시킴)

Everyone was **aggravated** at the supervisor's insistence that they work late on Friday night.

 feel aggravated 화나다
aggravate the situation 사태를 악화시키다

12 appearance
[U.S.] [əpíərəns]

n. 모습, 외관, 출현

appear v. 출현하다

The marketing team was unhappy with the **appearance** of the product's original packaging.

 be similar in appearance 외관상 똑같다
at one's appearance ~의 출현에

13 imperative
[U.S.] [impérətiv]

n 책임, 의무
adj. 필수적인

imperatively adv. 긴급히

Industry leaders have a moral **imperative** to use their resources responsibly and ensure environmental sustainability.

 It is imperative that절[to+동사원형] ~라는 점이 필수적이다

---

09 판매 사원들은 지난달 달성한 놀라운 성과에 대해 높이 평가 받을 자격이 있다.
10 Simon Johnson은 지난달 주택 8채를 팔아 엄청난 수수료를 받았다.
11 금요일 밤 야근을 하라고 감독관이 고집을 부리는 바람에 모두 화가 났다.
12 마케팅 팀은 그 상품의 원래 포장이 마음에 들지 않았다.
13 업계 지도자들은 자원을 책임감 있게 사용하고, 환경 지속성을 확실히 할 도덕적 의무가 있다.

14 assume

u.s. [əsjúːm]

v. 사실이라고 생각하다,
(책임 · 역할을) 떠맡다

assumption n. 가정, 인수

With Mr. Halliburton in charge of finances, we can safely **assume** that the project will stay on budget.

 assume that절 ~라고 추정하다
It is assumed that절 ~라고 추정되다
assume additional responsibilities 추가 업무를 맡다

15 assignment

u.s. [əsáinmənt]

n. 과제, 할당(된 업무)

assign v. 할당하다

Due to the complexity of the research team's new **assignment**, no strict deadline has been set.

 take on an assignment 임무를 맡다
questions regarding work assignments and policies
주어진 업무와 정책에 관한 질문들

16 intentional

u.s. [inténʃənəl]

adj. 고의적인, 의도적인

intend v. ~할 작정이다
intention n. 고안, 의도
intentionally adv. 고의로

Canadian regulatory officials speculate now that the contamination may have been **intentional**.

 an intentional experiment or a simple accident
의도적 실험인지 단순 사고인지
intend to ~하려고 한다
It is our intention to + 동사원형 ~하고자 한다

17 compensate

u.s. [kámpənsèit]
u.k. [kɔ́mpənsèit/kɔ́mpənsèit]

v. 보상하다

compensation n. 보상
compensatory adj. 보상의

L&K Plastics refused to **compensate** an employee after he injured his leg in an accident.

 compensate (A) for B (A에게) B를 보상하다

---

14 재정을 담당하고 있는 Halliburton 씨 때문에 우리는 프로젝트가 예산에 맞게 진행될 것이라고 추정할 수 있다.
15 연구팀의 새로운 과제가 복잡해서 엄격한 마감 기한이 정해지지 않았다.
16 현재 캐나다 규제 당국은 오염이 의도적이었을지 모른다고 추측하고 있다.
17 L&K Plastics는 사고로 다리를 다친 직원에게 보상해 주기를 거절했다.

18 quota

u.s. [kwóutə]

n. 몫, 할당량

Many formerly open countries, like Canada and the UK, are now imposing strict **quotas** on immigration.

기출 엿보기
assign a quota 할당량을 정하다
exceed one's quota ~의 할당량을 초과하다
production[monthly] quotas 생산[월간] 할당량

19 mandatory

u.s. [mǽndətɔ̀ːri]

u.k. [mǽndətəri]

adj. 강제의, 의무적인

mandate v. 권한을 주다, 명령하다
n. 권한, 명령

In 1982, the Australian government made it **mandatory** to wear seat belts in passenger vehicles.

기출 엿보기
It is mandatory to + 동사원형 ~하는 것은 필수이다
the mandatory training session 의무 교육 과정

20 diminish

u.s. [dimíniʃ]

v. 감소하다

Admitting the company's mistake could seriously **diminish** the likelihood of receiving the federal grant.

기출 엿보기
diminish in ~이 줄다
diminish in speed 속도가 떨어지다

21 dimension

u.s. [diménʃən/-dai-]

u.k. [daiménʃən]

n. 차원, 중요성, 넓이

dimensional adj. ~차원의

The touch screen adds a new **dimension** to the PDA's already stellar operating system.

기출 엿보기
a third dimension 3차원
assume[take on] a dimension 중요성을 띠다

18 캐나다와 영국과 같이 이전에는 개방적이던 많은 나라들이 이제는 이민에 대해 엄격한 정원 제한을 두고 있다.
19 1982년 오스트레일리아 정부는 승용차에서의 안전벨트 착용을 의무화했다.
20 회사의 실수를 인정하는 것은 연방 보조금을 받을 가능성을 상당히 축소할 수 있다.
21 터치 스크린은 이미 우수한 PDA 운영 체계에 새로운 차원을 더한다.

22 probable

u.s. [prɑ́bəbl]

u.k. [prɔ́bəbl]

adj. 유망한, 가망성 있는

probably adv. 아마도

It is **probable** that share prices will fall still further unless regulators step in and quell investor fears.

기출
엿보기

It is probable that절 ~할 것 같다
all probable investors 가능성 있는 모든 투자자들

23 enhance

u.s. [enhǽns/in-]

u.k. [inhɑ́:ns]

v. 강화하다, 증진하다

enhancement n. 강화

Pata Steel Ltd. adopted recommendations to **enhance** their competitiveness in the steel and iron industries.

기출
엿보기

enhance the status 입지를 강화하다
continually strive to enhance security
보안을 강화하기 위해 끊임없이 노력하다

24 embassy

u.s. [émbəsi]

n. 대사관, (집합적) 대사관 직원

ambassador n. 대사, 특사

Eun Hee will go to work at the Korean **embassy** in Germany once her training is complete.

기출
엿보기

at [in] an embassy 대사관에서
submit visa application forms to the embassy
비자 신청서를 대사관에 제출하다

25 state-of-the-art

[stéitəvðiɑ́:rt]

adj. 최신식의

The military's new **state-of-the-art** air defense system currently stands idle waiting for congressional approval.

기출
엿보기

a state-of-the-art computer program
최신식 컴퓨터 프로그램
be equipped with state-of-the-art technology
최신 기술을 갖추다

---

22 조정자가 개입하여 투자자들의 두려움을 가라앉히지 않는다면, 주가는 훨씬 더 떨어질 가능성이 있다.
23 Pata Steel 사는 철강 및 강철 산업에서 경쟁력을 강화시킬 수 있는 권고 사항들을 채택했다.
24 은희는 연수가 끝나면 독일에 있는 한국 대사관으로 출근할 것이다.
25 군대의 최신식 공중 방위 시스템은 현재 의회의 승인을 기다리며 가동을 멈추었다.

26 fake

u.s. [feik]

adj. 가짜의
v. 위조하다, 속이다
n. 모조품

New software has been developed that can detect when a **fake** credit card is being used.

 fake money [antiques] 위조 지폐[가짜 골동품]
fake surprise 거짓으로 놀란척하다

27 privilege

u.s. [prívəlidʒ]

n. 특권, 혜택

privileged adj. 특권이 있는

Senior managers enjoy certain **privileges**, such as being able to use the company jet for business and pleasure.

 abuse the privileges 특혜를 남용하다
be eligible for the parking privilege
주차 특권을 받을 자격이 있다

28 inquire

u.s. [inkwáiər]

v. 문의하다, 조사하다

inquiry n. 질문, 문의

I would like to **inquire** if your bank offers travel insurance for people vacationing abroad.

 inquire into ~을 조사하다
inquire after ~의 안부를 묻다
inquire about ~에 관하여 묻다

29 carrier

u.s. [kǽriər]

n. (항공) 운송 업체, 운반자

The Golden Coin is one of the world's leading **carriers** of rare coins and stamps.

 air carrier 항공 회사, 수송기
an insurance carrier 보험 업자

30 overlook

u.s. [òuvərlúk]

v. 간과하다, 내려다 보다

There is one key fact that you have **overlooked**: the hotel doesn't have the capacity for such a booking.

overlook one's mistake ~의 실수를 눈감아 주다
a standard room overlooked the bay
바다가 내려다보이는 일반 객실

---

26 새로운 소프트웨어는 위조된 신용 카드가 사용될 때 감지할 수 있도록 개발되었다.
27 선임 관리자들은 사업상 혹은 개인적 이유로 회사 제트기를 사용할 수 있는 것과 같은 특정 혜택을 누린다.
28 당사 은행이 외국으로 휴가 가는 사람들을 위한 여행 보험을 제공하는지 문의하고 싶습니다.
29 Golden Coin은 희귀한 동전과 우표를 취급하는 세계의 선두 운송 업체 중 하나이다.
30 당신이 간과한 한 가지 중요한 사실이 있습니다. 그 호텔은 그만큼의 예약을 수용하지 못합니다.

Check-up ◀

🎧 Listen and fill in the blanks with the correct words. ⊚MP3

01 Richard could afford to attend Harvard University because he comes from an _____ family.

02 The airline said that it would _____ all passengers for the cost of the overnight hotel stay.

03 Many successful organizations hire young, gifted employees that challenge _____ business practices.

04 The loan officer felt that there was something _____ wrong with the applicant's business model.

05 Simon Johnson received an _____ commission for selling eight houses this past month.

06 The marketing team was unhappy with the _____ of the product's original packaging.

07 Due to the complexity of the research team's new _____, no strict deadline has been set.

08 Admitting the company's mistake could seriously _____ the likelihood of receiving the federal grant.

09 The touch screen adds a new _____ to the PDA's already stellar operating system.

10 There is one key fact that you have _____: the hotel doesn't have the capacity for such a booking.

---

01 Richard는 유복한 가정 출신이기 때문에 하버드 대학에 다닐 형편이 되었다. 02 항공사는 모든 승객들에게 호텔 1박 비용을 환급해 주겠다고 말했다. 03 많은 성공적인 기업들은 진부하는 기업 관습에 도전할 젊고, 재능 있는 직원들을 고용한다. 04 그 대출 담당자는 신청자의 사업 모델에 본질적으로 무엇인가 잘못되었음을 느꼈다. 05 Simon Johnson은 지난달 주택 8채를 팔아 엄청난 수수료를 받았다. 06 마케팅팀은 그 상품의 원래 포장이 마음에 들지 않았다. 07 연구팀의 새로운 과제가 복잡해서 엄격한 마감 기한이 정해지지 않았다. 08 회사의 실수를 인정하는 것은 연방 보조금을 받을 가능성을 상당히 축소할 수 있다. 09 터치 스크린은 이미 우수한 PDA 운영 체계에 새로운 차원을 더한다. 10 당신이 간과한 한 가지 중요한 사실이 있습니다. 그 호텔은 그만큼의 예약을 수용하지 못합니다.

01 nutrition
u.s. [njuːtríʃən]

n. 영양

nutritionist n. 영양사

nutritious adj. 영양분이 많은

Nutrition experts agree that employees who eat a balanced breakfast tend to be more productive.

 nutrition information 영양 정보
proper [good] nutrition 적당한[충분한] 영양

02 amaze
u.s. [əméiz]

v. 몹시 놀라게 하다, 몹시 놀라다

amazing adj. 놀랄 만한, 굉장한

amazed adj. 놀란

The district manager was **amazed** at how much the store's revenue increased during the holiday season.

 be amazed at ~에 놀라다

03 mutually
u.s. [mjúːtʃuəli]

adv. 서로, 상호간의

mutual adj. 상호의, 공동의

It will be a **mutually** beneficial project, so we encourage you to consider our offer seriously.

 mutually exclusive 상호 배타적인
as mutually agreed upon 상호 합의한 바와 같이

04 reinforce
u.s. [rìːinfɔ́ːrs]

v. 강화하다, 보강하다

reinforcement n. 보강

The foundation of the welding facility will likely have to be **reinforced** early next year.

 reinforce a supply 공급을 늘리다
reinforce one's opinion [argument]
~의 견해[주장]를 강화하다

---

01 영양 전문가들은 균형 잡힌 아침 식사를 하는 직원들이 더 생산적인 경향이 있다는 데 동의한다.
02 지역 관리자는 연휴 기간에 상점의 수입이 얼마나 증가했는지를 보고 놀랐다.
03 상호 간에 이득이 되는 프로젝트가 될 것이므로 저희 제안을 심각하게 고민해 보셨으면 합니다.
04 용접 시설의 토대는 내년 초에 보강되어야 할지도 모른다.

05 prescription

ʊ.s. [priskrípʃ(ə)n]

n. 처방전, 약

prescribe v. (약을) 처방하다

Lukas Grant's innovative mind, intense motivation, and sound financial investments were a **prescription** for success.

 give A a prescription A에게 처방전을 주다
have a prescription filled 처방전대로 약을 조제하다

06 enthusiastic

ʊ.s. [enθúːziǽstik]

adj. 열렬한, 열정적인

enthusiasm n. 열광, 열정

Our public relations firm is looking for young and **enthusiastic** students that are eager to become interns.

 be enthusiastic about ~을 열심히 하다
very [widely] enthusiastic 매우 열광적인, 열렬한

07 completely

ʊ.s. [kəmplíːtli]

adv. 전적으로, 완전히

complete v. 완성하다
　　　 adj. 완성된, 완료된
completion n. 완성

Richard cannot transfer to a new location until he is **completely** finished with his current assignment.

 keep completely confidential 철저히 비밀에 부치다
fill the questionnaire out completely
설문지를 완벽하게 기입하다
be completely satisfied with the product
제품에 전적으로 만족하다

08 alter

ʊ.s. [ɔ́ːltər]

v. 고치다, 바꾸다, 변경되다

alteration n. 변경, 개조

We may dramatically **alter** the durability of our bicycles if we begin to use lower quality materials.

alter the length 길이를 수선하다
alter the means of accessing 접근 방법을 변경하다

09 altitude

ʊ.s. [ǽltətjùːd]

n. 고도, 높이

Industrial Apex has developed an unmanned aircraft that surveys mountain ranges at low **altitudes**.

at an altitude of ~의 고도로
cruise at a moderate altitude 적당한 고도로 비행하다

---

05 Lukas Grant의 혁신적인 사고, 강인한 동기, 그리고 건전한 재무 투자는 성공을 위한 처방책이었다.
06 우리 홍보 회사는 인턴 사원으로 근무하기를 원하는 젊고, 열정적인 학생들을 찾고 있다.
07 Richard는 현재 과제를 완전히 마무리할 때까지 새로운 곳으로 옮길 수 없다.
08 품질이 더 떨어지는 자재를 사용하기 시작한다면, 자전거의 내구성이 현저하게 바뀔 것이다.
09 Industrial Apex는 낮은 고도의 산악 지대를 조사하는 무인 항공기를 개발했다.

10 immune

u.s. [imjúːn]

adj. 면역의, 영향을 받지 않는

immunize v. 면역성을 갖게 하다
immunity n. 면역
immunization n. 예방 주사

The chief financial officer of Media Bytes is arrogant and seemingly **immune** to criticism.

 immune system 면역 체계
immune from criticism 비난을 면한

11 pursue

u.s. [pərsúː]
u.k. [pərsjúː]

v. 추구하다, 쫓다

pursuit n. 추구, 추적

Mr. Hanna has left our company to **pursue** opportunities in the hotel and hospitality industry.

 pursue potential clients 잠재 고객들을 발굴하다
pursue legal action against ~을 상대로 법적 조치를 취하다

12 appliance

u.s. [əpláiəns]

n. (가정용) 기구, 설비

apply v. 적용되다, 신청하다

I left instructions for the maintenance manager to clean all of the electrical **appliances** in the kitchen.

 electrical appliances 가전 제품
a manual for discontinued appliances
중단된 제품에 대한 안내 책자

13 individual

u.s. [ìndəvídʒuəl]

adj. 개개의, 하나하나의
n. 개인

individuality n. 개성, 개인
individually adv. 개별적으로

Our instruction seminar has been designed to accommodate our employee's **individual** training requirements.

 in one's individual way 독자적인 방법으로
seek interested individuals 관심 있는 사람을 찾다

---

10 Media Bytes의 최고 재무 책임자는 오만하고 비판에 영향을 받지 않는 것처럼 보인다.
11 Hanna 씨는 호텔과 서비스업에서 기회를 찾기 위해 우리 회사를 떠났다.
12 나는 유지 보수 관리자에게 주방의 가전 제품을 모두 청소하라고 지시를 내렸다.
13 우리 교육 세미나는 각 직원들의 교육 요구 사항을 충족시키기 위해 설계되었다.

14 assure
ᴜ.ꜱ. [əʃúər]

v. 확신하다, 보증하다, 안심시키다

assurance n. 보장, 확신

The quarterly profit review **assured** Mr. Simpson that the company's profits were increasing.

 기출
엿보기

assure A of B A에게 B를 안심시키다, 확신시키다
assure A that절 A에게 ~을 보장하다

15 breakthrough
ᴜ.ꜱ. [bréikθrù:]

n. 진전, 성과, 중요한 발견

Timetable Electronics has made several significant technological **breakthroughs** in a relatively short period of time.

 기출
엿보기

breakthrough in ~에서의 진전, 성과
make[achieve, develop] a breakthrough
중요한 발견을 하다

16 magnificent
ᴜ.ꜱ. [mægnífəsənt]

adj. 훌륭한, 뛰어난

The carnival is a **magnificent** spectacle, and it's one of our city's biggest tourism generators.

 기출
엿보기

a magnificent sight 장관
earn a magnificent reward 막대한 보수를 받다

17 comply
ᴜ.ꜱ. [kəmplái]

v. 따르다, 준수하다

compliance n. 준수
compliant adj. 유순한, 고분고분한

If industrial manufacturers do not **comply** with environmental regulations, they will be heavily fined.

 기출
엿보기

comply with ~을 따르다, 맞추다
comply with business practices 사업 관행을 따르다

---

14 분기별 수익 검토로 Simpson 씨는 회사의 수익이 증가하고 있다고 확신했다.
15 Timetable Electronics는 비교적 짧은 시간에 여러 가지 현저한 기술적 혁신을 이루어냈다.
16 그 축제는 아주 볼만한 것이며, 그것은 우리 도시의 가장 큰 관광 사업 창출 요인 중 하나이다.
17 산업 제조 업체들이 환경 규정을 따르지 않는다면, 그들은 무거운 벌금을 받을 것이다.

18 quote
U.S. [kwout]

n. 견적액
v. 견적하다, 인용하다

quotation n. 견적 (가격)

We have asked several architectural design firms to submit their **quotes** for the proposed renovation work.

 request a quote 견적을 요청하다
quote from ~에서 인용하다

19 prominent
U.S. [prάmənənt]
U.K. [prɔ́mənənt]

adj. 저명한, 두드러진

prominence n. 두드러짐, 걸출
prominently adv. 두드러지게

Their flagship store now occupies a **prominent** position on the corner of Main and Elm Street.

 socially prominent 사회적으로 저명한
the most prominent feature 가장 두드러진 특징
play a prominent part[role] in ~에서 중요한 역할을 하다

20 discard
U.S. [diskά:rd]

v. 버리다, 폐기하다

Smokers should **discard** their cigarette butts into the ashtrays at the side of the building.

 discard unwanted items 쓸모없는 물건을 버리다
discard those old ideas 진부한 생각을 버리다

21 discipline
U.S. [dísəplin]

n. (대학의) 학과, 규율

disciplinary adj. 징계와 관련된

Students can choose to study **disciplines** such as economics, history, anthropology, philosophy, or psychology.

 enforce discipline 규율을 시행하다
an academic discipline 학과
firm[severe, strict] discipline 엄격한 규율

---

18 우리는 여러 건축 설계 회사에 제안된 수리 작업에 대한 견적서를 제출해 달라고 요청했다.
19 그들의 본점은 현재 Main 가와 Elm 가의 모퉁이에서 우위를 차지한다.
20 흡연자들은 건물 옆에 있는 재떨이에 담배 꽁초를 버려야 한다.
21 학생들은 경제학, 역사학, 인류학, 철학, 혹은 심리학과 같은 학과 공부를 선택할 수 있다.

22 relevant

u.s. [réləvənt]

adj. 관련된, 적절한

relevance n. 관련성

James got a head start over others trying to get the job because of his **relevant** work experience.

 a relevant document 관련 문서
obtain relevant information 관련 정보를 얻다

23 enlarge

u.s. [enlá:rdʒ]

v. 확대하다, 늘리다, 확대되다

enlargement n. 확대

To **enlarge** the document on your computer screen, double-click this button on the toolbar.

 enlarge by ~정도로 확대하다
enlarge into [to] 넓혀서 ~로 만들다

24 excellence

u.s. [éksələns]

n. 우수, 탁월

excel v. 능가하다
excellent adj. 우수한

Mocoils Industry won the prestigious **Excellence** in Business Award at last nights award's ceremony.

 excellence in [at] ~에서 탁월함
guarantee the excellence of the quality 품질을 보증하다

25 legacy

u.s. [légəsi]

n. 유산, 유물

The foundation received a small **legacy** from the founder of a local timber company.

 a legacy to ~의 유산
hand down a legacy 유산을 물려주다
come into a legacy 유산을 상속받다

26 imply

u.s. [implái]

v. 암시하다, 포함하다

implication n. 함축

The test results **imply** that we should use a lighter metal to construct the scooter.

 imply that절 ~임을 암시하다, 의미하다
imply agreement with ~에 대한 합의를 나타내다

---

22 James는 관련 경력 때문에 다른 취업자들에 비해 한 발 앞서 나갔다.
23 컴퓨터 화면에서 문서를 확대하려면, 툴바에 있는 이 버튼을 두 번 누르세요.
24 Mocoils 사는 지난밤 시상식에서 비즈니스 어워드 최우수상을 수상했다.
25 그 재단은 현지 목재 회사의 창립자로부터 작은 유산을 받았다.
26 테스트 결과는 우리가 스쿠터를 조립할 때 더 가벼운 금속을 사용해야 함을 나타낸다.

27 procedure

U.S. [prəsíːdʒər]

n. 절차, 순서

procede v. 나아가다, 시작하다
process n. 과정, 진행
procedural adj. 절차상의

Our employees are familiar with the new cost-cutting shipping **procedures**.

 procedure for ~의 절차, 방법
billing procedures 금액 청구 절차
simplify the procedures 절차를 간소화하다

28 interrupt

U.S. [ìntərʌ́pt]

v. 방해하다, 중단하다

interruption n. 방해

The senator completely ignored the journalist from XPT who **interrupted** him during his most recent speech.

 Sorry to interrupt you. 방해해서 죄송합니다.
interrupt a conversation 대화를 중단시키다

29 charity

U.S. [tʃǽrəti]

n. 자선 (단체), 자비심

charitable adj. 자비로운, 자선 단체의

The Heart and Stroke Foundation has raised over ten million dollars for **charity** this year.

 a charity event 자선 행사
fund raising efforts for charity
자선 단체를 위한 기금 조성 노력

30 omit

U.S. [oumít]

v. 생략하다, 빠뜨리다

omission n. 생략, 누락

This item was **omitted** from the final, published proposal for fear that it would not be accepted.

 omit from ~에서 빠뜨리다
omit incidental details 부가적인 세부 사항을 생략하다

---

27 우리 직원들은 새로운 경비 절감 선적 절차를 잘 알고 있다.
28 그 상원 의원은 가장 최근 연설에서 자기를 방해했던 XPT 기자를 완전히 무시했다.
29 Heart and Stroke 재단은 올해 자선 기금으로 천만 달러 이상을 모금했다.
30 수락되지 않을 것이라는 두려움 때문에 이 항목은 최종 발표된 제안서에서 생략되었다.

Check-up ◀

🎧 Listen and fill in the blanks with the correct words. ◉MP3

01 It will be a _____ beneficial project, so we encourage you to consider our offer seriously.

02 We may dramatically _____ the durability of our bicycles if we begin to use lower quality materials.

03 I left instructions for the maintenance manager to clean all of the electrical _____ in the kitchen.

04 The quarterly profit review _____ Mr. Simpson that the company's profits were increasing.

05 The carnival is a _____ spectacle, and it's one of our city's biggest tourism generators.

06 If industrial manufacturers do not _____ with environmental regulations, they will be heavily fined.

07 Students can choose to study _____ such as economics, history, anthropology, philosophy or psychology.

08 James got a head start over others trying to get the job because of his _____ work experience.

09 The test results _____ that we should use a lighter metal to construct the scooter.

10 Our employees are familiar with the new cost-cutting shipping _____.

01 상호 간에 이득이 되는 프로젝트가 될 것이므로 저희 제안을 심각하게 고민해 보셨으면 합니다. 02 품질이 더 떨어지는 자재를 사용하기 시작한다면, 자전거의 내구성이 현저하게 바뀔 것이다. 03 나는 유지 보수 관리자에게 주방의 가전 제품을 모두 청소하라고 지시를 내렸다. 04 분기별 수익 검토로 Simpson 씨는 회사의 수익이 증가하고 있다고 확신했다. 05 그 축제는 아주 볼 만한 것이며, 그것은 우리 도시의 가장 큰 관광 사업 창출 요인 중 하나이다. 06 산업 제조 업체들이 환경 규정을 따르지 않는다면, 그들은 무거운 벌금을 받을 것이다. 07 학생들은 경제학, 역사학, 인류학, 철학, 혹은 심리학과 같은 학과 공부를 선택할 수 있다. 08 James는 관련 경력 때문에 다른 취업자들에 비해 한 발 앞서 나갔다. 09 테스트 결과는 우리가 스쿠터를 조립할 때 더 가벼운 금속을 사용해야 함을 나타낸다. 10 우리 직원들은 새로운 경비 절감 선적 절차를 잘 알고 있다.

Day 09 87

Day 10

---

01 press
u.s. [pres]

v. 누르다
n. 보도 기관, 언론계

pressure v. ~에 압력을 가하다,
　　　　　 n. 압력, 압박

Brandon frantically **pressed** the elevator button because he was late for an important meeting.

 기출 엿보기

be pressed for time 시간에 쫓기다
hold a press conference 기자 회견을 갖다

---

02 ample
u.s. [ǽmpl]

adj. 많은, 충분한

amply adv. 충분히

Ace Computation Inc. provides **ample** opportunity for its employees to advance within the organization.

 기출 엿보기

ample opportunity 많은 기회
have ample time to + 동사원형 ~할 충분한 시간이 있다

---

03 mistakenly
u.s. [mistéikənli]

adv. 잘못되게

mistake n. 실수
mistaken adj. 잘못된

The new intern **mistakenly** believed that she could get away with using the company's resources for personal gain.

 기출 엿보기

be mistakenly delivered to A(장소) A로 잘못 배달되다
believe mistakenly 잘못 생각하다

---

04 friendly
u.s. [fréndli]

adj. 친절한, 사용하기 편한

I find that all of my new co-workers are very helpful and **friendly**.

 기출 엿보기

friendly and courteous 친절하고 예의 바른
user-friendly graphic interfaces 사용하기 편리한 그래픽 장치

01　Brandon은 중요한 회의에 늦어서 엘리베이터 버튼을 미친 듯이 눌렀다.
02　Ace Computation 사는 직원들이 조직 내에서 발전할 수 있는 충분한 기회를 제공한다.
03　새로 온 인턴은 개인적인 이득을 위해 회사 물품을 들키지 않고 사용할 수 있을 것이라고 잘못 생각했다.
04　나는 새로운 동료 모두 매우 도움이 되고 친절하다는 것을 알게 되었다.

05 aptitude

u.s. [ǽptitùːd]
u.k. [ǽptitjùːd]

n. 재능, 소질

Helen demonstrates an uncanny **aptitude** for negotiating contracts with difficult and demanding clients.

 aptitude for ~분야의 소질
aptitude test 적성 검사

06 entirely

u.s. [intáiərli]

adv. 완전히, 전부

entire adj. 전체의
entirely adv. 전부

After several failed business ventures, I have **entirely** given up on the idea of opening my own restaurant.

 entirely one's fault 전적으로 ~의 잘못
an entirely new project 완전히 새로운 프로젝트
the entire way 줄곧, 내내

07 namely

u.s. [néimli]

adv. 즉

name n. 이름, 명성
v. 명명하다, 지명하다

nameless adj. 익명의

Many salaried workers have learned an important lesson, **namely** that no job is a hundred percent guaranteed.

08 amend

u.s. [əménd]

v. 수정하다, 고쳐지다

amendment n. 수정 (사항)

The board of directors has agreed to **amend** the company's benefits package to include full dental coverage.

 amend the policy 정책을 수정하다
amended invoice 개정된 송장

---

05 Helen은 어렵고 까다로운 고객들과의 계약을 성사시키는 데 비상한 소질이 있다.
06 여러 번 벤처 기업을 실패한 후 식당을 개업하겠다는 생각을 완전히 버렸다.
07 많은 봉급 근로자들은 중요한 교훈을 얻었는데, 즉 어떠한 직업도 100% 보장되지 않는다는 것이다.
08 이사회는 종합 치과 보험 혜택을 포함하도록 회사의 복리 후생 제도를 수정하는 데 동의했다.

09 argument

[u.s.] [ɑ́:rgjəmənt]

n. 주장, 논쟁

argue v. 논하다

arguable adj. 논쟁의 여지가 있는

argumentative
adj. 논쟁을 좋아하는

Mr. Yono offered a persuasive **argument** against the proposed acquisition of Equinox Renovations.

 without argument 이의 없이
have an argument with ~와 논쟁하다

10 impending

[u.s.] [impéndiŋ]

adj. 임박한, 절박한

impend v. 절박하다

The **impending** federal election could have a significant impact on current foreign trade policies.

 discuss the impending matter 시급한 문제를 상의하다
impending economic difficulties 금방 닥쳐올 경제적 난관

11 arrange

[u.s.] [əréindʒ]

v. 배열하다, 정돈하다, 마련하다

arrangement n. 준비, 정돈

The merchandising manual details how all of the products should be **arranged** on the shelf.

 arrange the shipment 배송을 준비하다
arrange a meeting [transportation] 회의[교통편]를 준비하다

12 cargo

[u.s.] [kɑ́:rgou]

n. 화물, 뱃짐

A tax will be applied to any **cargo** that is imported from a country without a trade agreement.

 carry (a) cargo 화물을 수송하다
discharge the cargo 짐을 부리다

13 insecure

[u.s.] [ìnsikjúər]

adj. 불안한

insecurity n. 불안(감)

As layoffs continue to increase in the automotive industry, workers feel more **insecure** about their futures.

 insecure in ~이 불안한
feel insecure about ~에 대해 불안해 하다

---

09 Yono 씨는 제안된 Equinox Renovations 인수에 반대하는 설득력 있는 주장을 내놓았다.
10 임박한 연방 선거가 현 외교 정책에 중대한 영향을 끼칠 수 있다.
11 판촉 안내서에는 모든 상품이 선반에 어떻게 진열되어야 하는지에 대해 자세히 나와 있다.
12 무역 협정을 맺지 않은 나라에서 수입된 모든 화물에 세금이 붙을 것이다.
13 자동차 산업에서 정리 해고가 계속 증가함에 따라, 근로자들은 미래에 대해 더 불안해 한다.

14 astonish

U.S. [əstániʃ]
U.K. [əstɔ́niʃ]

v. 놀라게 하다

astonishment n. 놀람
astonishing adj. 놀라운
astonished adj. 놀란

The director of personnel was **astonished** to see how well the newly hired employees were performing.

 기출 엿보기 astonish greatly[very much] 경악케 하다

15 competence

U.S. [kámpətəns]
U.K. [kɔ́mpətəns]

n. 능력

competent adj. 유능한

Larry's lack of **competence** was the primary reason that his manager terminated his employment.

 기출 엿보기 competence in ~에 있어서의 능력
competence for ~에 필요한 능력

16 marginal

U.S. [máːrdʒənəl]

adj. 최저의, 가장자리의

margin n. 이윤, 여백, 차이
marginally adv. 약간

The report claims that there has only been a **marginal** improvement in foreign worker's pay over the past few years.

 기출 엿보기 turn out to be marginal improvement
미미한 개선인 것으로 판명되다
have marginal impact on the stock market
주식 시장에 미미한 영향을 끼치다

17 compose

U.S. [kəmpóuz]

v. 구성하다, 조립하다, 작곡하다

composer n. 작곡가
composition n. 구성, 작곡

A productive work environment is **composed** of two elements: respect and organization..

 기출 엿보기 compose for ~을 위해 작곡하다
be composed of ~로 구성되다, 이루어지다

---

14 인사 부장은 새로 고용된 직원들이 업무를 얼마나 잘 수행하고 있는지를 보고 깜짝 놀랐다.
15 Larry의 무능력이 매니저가 그를 해고한 첫 번째 이유였다.
16 그 보고서는 지난 몇 년 간 외국인 근로자의 봉급이 최저 수준으로 인상되었을 뿐이라고 주장한다.
17 생산적인 작업 환경은 존중과 조직이라는 두 가지 요소로 구성된다.

18 reform

u.s. [riːfɔ́ːrm]

n. 개혁, 개선
v. 개혁하다, 개선되다

reformation n. 개혁, 개선

The political **reforms** have led to major structural changes in the banking system, many of which are long overdue.

housing reform 주택 공급 개혁
implement the economic reforms 경제 개혁을 실시하다

19 promising

u.s. [prάmisiŋ]
u.k. [prɔ́misiŋ]

adj. 장래성 있는, 전도 유망한

promise v. 약속하다

Brazil's newest river-diversion project is only in the initial phase, but it's looking quite **promising**.

a promising candidate 전도 유망한 후보자
get off to a promising start 순조롭게 첫 발을 떼다

20 discourage

u.s. [diskɔ́ːridʒ]
u.k. [diskʌ́ridʒ]

v. 방해하다, 억제하다,
낙담시키다

discouragement n. 낙담
discouraging adj. 낙담시키는
discouraged adj. 낙담한

Low wages have **discouraged** many of the applicants from accepting our offers of employment.

discourage from ~을 단념하게 하다
be discouraged at ~에 낙담하다
discourage imports 수입을 억제하다

21 faculty

u.s. [fǽkəlti]

n. (집합적) 대학 교수진,
(대학의) 학과, 능력

Some of the world's most noted legal scholars are **faculty** members at Oxford University in England.

a college[university] faculty 대학 교수진
a faculty for ~의 재능

---

18 정치 개혁은 상당수가 오래 지체된 은행 체계에 주요한 구조적 변화를 이끌었다.
19 브라질의 최신 하천 전환 프로젝트는 시작 단계일 뿐이지만 꽤 유망해 보인다.
20 저임금은 많은 지원자들이 우리의 고용 제안을 받아들이지 못하게 했다.
21 세계에서 가장 저명한 법률 학자 중 몇몇은 영국 옥스퍼드 대학의 교수진이다.

22 reliable

u.s. [riláiəbəl]

adj. 믿을 만한, 신뢰할 수 있는

rely v. 의지하다, 신뢰하다
reliability n. 신뢰도, 확실성
reliably adv. 확실하게

This review is considered by many to be the most **reliable** account of public opinion available.

a reliable source 믿을 만한 정보 소식통
a reliable indicator of the future 미래의 확실한 지표
a competent and reliable executive
유능하고 신뢰할 수 있는 임원

23 entitle

u.s. [entáitl]

v. 자격을 주다

title n. 표제, 직함

Full-time employees are **entitled** to sign up for the company's comprehensive medical benefit plan.

be entitled to + 명사 ~에 대한 자격이 주어지다
be entitled to + 동사원형 ~할 자격이 주어지다

24 hospitality

u.s. [hὰspitǽləti]
u.k. [hɔ̀spitǽləti]

n. 환대, 친절한 대접,
  (호텔 · 음식점 등의) 접객업

hospitable adj. 환대하는

Everyone enjoyed the **hospitality** of the resort's staff at the annual company retreat.

hospitality industry 서비스업
appreciate the hospitality extended to
~에게 베풀어준 환대에 감사하다

25 jet lag

n. (시차로 인한) 피로

This new, revolutionary product is sure to cure your **jet lag** quickly and without fail.

26 indicate

u.s. [índikèit]

v. 나타내다, 암시하다

indication n. 지시, 징조
indicator n. 지표, 표준
indicative adj. 나타내는

The columns on the left side of the graph **indicate** how our revenues have increased this quarter.

indicate that절 ~라는 사실을 나타내다, 보여주다
indicate clearly 분명히 지적하다

---

22 많은 사람들은 이 논평이 입수할 수 있는 여론에 대한 가장 신뢰할 만한 설명이라고 생각한다.
23 정규직 직원들에게는 회사의 종합 의료 혜택을 신청할 자격이 주어진다.
24 매년 가는 회사 차원의 휴가에서 모두 리조트 직원의 환대를 받았다.
25 이 새롭고 혁신적인 상품은 시차로 인한 피로를 빠르게, 그리고 반드시 치료해 줄 것입니다.
26 그래프의 왼쪽 단은 이번 분기에 우리 수입이 얼마나 증가했는지를 나타낸다.

27 product

[U.S.] [prɑ́dəkt/-dʌkt]
[U.K.] [prɔ́dəkt]

n. 상품, 제품

produce v. 생산하다
production n. 생산
productive adj. 생산적인

Daelix exports its fiber optic **products** to countries as far afield as Japan and India.

promote a new product 신제품을 판촉하다
detail a company's product line
회사의 제품군을 상세히 말하다
a highly diversified line of products 매우 다양한 제품 라인

28 insert

[U.S.] [insə́ːrt]

v. 넣다, 삽입하다

insertion n. 삽입

Every employee must **insert** their security card to gain access to the company's parking lot.

insert A into B A를 B에 삽입하다
insert a coin into the slot 투입구에 동전을 넣다

29 establishment

[U.S.] [istǽbliʃmənt]

n. 설립, 기관

establish v. 기반을 확립하다
established adj. 설립된

The board announced that construction of the new downtown **establishment** will commence next month.

an educational establishment 교육 시설
announce the establishment of a new college
새 대학 설립을 발표하다

30 oversee

[U.S.] [òuvərsíː]

v. 감독하다, 감시하다

overseer n. 감독관, 지배인

Navel Enterprises is happy to announce that we have just appointed a coordinator who will **oversee** the whole project.

oversee all processes 모든 과정을 감독하다
oversee the entire project 전체 프로젝트를 관장하다

27 Daelix는 광섬유 제품을 일본이나 인도와 같이 먼 나라에 수출한다.
28 모든 직원들이 회사 주차장에 들어가려면 보안 카드를 넣어야 한다.
29 이사회는 새로운 시내 조성 공사가 다음 달 시작될 것이라고 발표했다.
30 Navel 기업은 전 프로젝트를 감독할 진행자를 방금 임명했음을 발표하게 되어 기쁩니다.

Check-up ◀

🎧 Listen and fill in the blanks with the correct words. ⓞMP3

01 Ace Computation Inc. provides _____ opportunity for its employees to advance within the organization.

02 I find that all of my new co-workers are very helpful and _____.

03 The board of directors has agreed to _____ the company's benefits package to include full dental coverage.

04 The _____ federal election could have a significant impact on current foreign trade policies.

05 The merchandising manual details how all of the products should be _____ on the shelf.

06 As layoffs continue to increase in the automotive industry, workers feel more _____ about their futures.

07 The report claims that there has only been a _____ improvement in foreign worker's pay over the past few years.

08 Full-time employees are _____ to sign up for the company's comprehensive medical benefit plan.

09 The columns on the left side of the graph _____ how our revenues have increased this quarter.

10 Navel Enterprises is happy to announce that we have just appointed a coordinator who will _____ the whole project.

---

01 Ace Computation 사는 직원들이 조직 내에서 발전할 수 있는 충분한 기회를 제공한다. 02 나는 새로운 동료 모두 매우 도움이 되고 친절하다는 것을 알게 되었다. 03 이사회는 종합 치과 보험 혜택을 포함하도록 회사의 복리 후생 제도를 수정하는 데 동의했다. 04 임박한 연방 선거가 현 외교 정책에 중대한 영향을 끼칠 수 있다. 05 판촉 안내서에는 모든 상품이 선반에 어떻게 진열되어야 하는지에 대해 자세히 나와 있다. 06 자동차 산업에서 정리 해고가 계속 증가함에 따라, 근로자들은 미래에 대해 더 불안해 한다. 07 그 보고서는 지난 몇 년 간 외국인 근로자의 봉급이 최저 수준으로 인상되었을 뿐이라고 주장한다. 08 정규직 직원들에게는 회사의 종합 의료 혜택을 신청할 자격이 주어진다. 09 그래프의 왼쪽 단은 이번 분기에 우리 수입이 얼마나 증가했는지를 나타낸다. 10 Navel 기업은 전 프로젝트를 감독할 진행자를 방금 임명했음을 발표하게 되어 기쁩니다.

Review Test

Choose the best answer and complete the sentence.

01 A year-long _____ that started in London has led police to lay 86 charges against 12 people.

  (A) implement   (B) interruption   (C) indication   (D) investigation

02 The level of quality and fit of the jeans is extremely high and _____ by outstanding value.

  (A) reinforced   (B) complemented (C) aggravated   (D) astonished

03 EShop expects to maintain current customer support levels and does not _____ any disruption to service.

  (A) admit   (B) associate   (C) amend   (D) anticipate

04 Hotels in Singapore are allowing customers to _____ their travel plans because of the outbreak of H1N1 virus.

  (A) relieve   (B) entitle   (C) modify   (D) assess

05 A thorough and intimate knowledge of personal account management will be the minimum _____.

  (A) effort   (B) advantage   (C) quote   (D) qualification

06 Baby boomer babies are reshaping the teaching _____ in the U.S. as they move through the education system.

  (A) qualification (B) proximity   (C) apparatus   (D) profession

07 Labor groups complained that a complete review of workplace safety laws is long _____.

  (A) overlooked   (B) overdue   (C) advisable   (D) dense

08 Authorities in Yemen arrested at least 25 suspected militants after a deadly attack on the U.S. _____.

  (A) Enlargement (B) Embassy   (C) Excellence   (D) Engagement

01 런던에서 시작된 1년 간의 조사로 경찰은 12명을 86가지 혐의로 고소했다. 02 그 청바지의 품질과 맵시는 상당히 훌륭하며 뛰어난 가치로 보완된다. 03 EShop은 현 고객 지원 수준을 유지할 것으로 예상하며 서비스에 어떠한 중단도 없을 것이라 기대한다. 04 싱가포르에 있는 호텔들은 신종 바이러스 때문에 고객들이 여행 계획을 변경하는 것을 허가하고 있다. 05 개인 계정 관리에 대한 철저하고 깊은 지식은 최소 자격 조건이 될 것이다. 06 베이비붐 세대 아기들은 교육 체계를 거치면서 미국에서 교직의 모습을 바꾸고 있다. 07 노동계는 작업장 안전 법규의 완전한 검토가 너무 늦어졌다고 불만을 토로했다. 08 예멘 당국은 미 대사관에 대한 치명적인 공격이 있고서 최소 25명의 용의자를 체포했다.

09 The newly updated antivirus program could allow malicious individuals to increase their access _____.

(A) privileges   (B) professions   (C) proficiencies   (D) procedures

10 The program will _____ donors for travel and hotel costs, as well as some lost income.

(A) reinforce   (B) reimburse   (C) afford   (D) assume

11 Trade protectionism in the name of environmental protection would be a _____ for disaster.

(A) question   (B) prescription   (C) penetration   (D) production

12 Government, private business, and various academic _____ are collaborating on the project.

(A) disciplines   (B) diagnosises   (C) dimensions   (D) delegates

13 But what the famous Hollywood actor really wants is to be remembered for his _____ work.

(A) charity   (B) catering   (C) convention   (D) cargo

14 Researchers are inching their way toward producing cows that are _____ to BSE.

(A) imperative   (B) individual   (C) insecure   (D) immune

15 Losing the contract he worked so hard to secure seems to have _____ destroyed his confidence.

(A) deliberately   (B) completely   (C) aggressively   (D) adversely

16 The way columns, beams, and walls are _____ nowadays is completely different from only a decade ago.

(A) reinforced   (B) imposed   (C) altered   (D) amazed

09 새로 업데이트 된 바이러스 백신 프로그램은 악의가 있는 개인의 접속 권한을 높일 수 있게 해줄지도 모른다. 10 그 프로그램은 일부 소득 손실뿐만 아니라 여행 및 호텔 비용을 기증자에게 상환해 줄 것이다. 11 환경 보호라는 이름 아래 무역 보호주의는 재앙을 처방하는 것이 될 것이다. 12 정부, 사기업, 그리고 다양한 학자들은 그 프로젝트를 위해 협력하고 있다. 13 하지만 그 유명 할리우드 배우가 정말로 원하는 것은 자신이 한 자선 사업이 기억되는 것이다. 14 연구자들은 BSE에 면역이 있는 소를 생산하기 위한 방법에 조금씩 다가가고 있다. 15 그가 따내려고 그렇게 열심히 노력했던 계약이 무산된 것이 그의 자신감을 완전히 무너뜨린 것 같다. 16 요즘 기둥, 들보, 그리고 담이 강화되는 방식은 불과 10년 전과 완전히 다르다.

Review Test   97

토익
800⁺
필수보카

Week1

Week2

Week3

Week4

Day 11

01 atmosphere

u.s. [ǽtməsfiər]

n. 환경, 분위기, 공기

The competitive **atmosphere** at the office motivated the staff to meet all their deadlines.

fairly cold atmosphere 아주 차가운 공기
create a welcoming atmosphere
환영하는 분위기를 조성하다

02 informative

u.s. [infɔ́ːrmətiv]

adj. 유익한, 정보를 제공하는

inform v. ~에게 알리다
informed adj. 정보에 근거한
informatively adv. 유익하게

The chairman's speech on the company's plan to restructure the research department was **informative**.

informative articles 유익한 기사
a useful and informative website 유용하고 유익한 웹사이트

03 overwhelmingly

u.s. [òuvərʰwélmiŋli]

adv. 압도적으로, 굉장히

overwhelming adj. 압도적인

Nurses **overwhelmingly** endorsed the new contract, ending fears of a possible city-wide shutdown of medical services.

overwhelmingly approved 압도적으로 지지를 받은
beat the opponent overwhelmingly
상대방을 압도적으로 이기다

04 attract

u.s. [ətrǽkt]

v. (사람 · 주의 · 흥미 등을) 끌다

attraction n. 매력, 명소
attractive adj. 매력적인

A clear and concise marketing plan could help to **attract** new clients to our organization.

attract A to B A가 B에 흥미를 갖게 하다
attract one's attention ~의 주의를 끌다
attract foreign investors 외국인 투자자를 유치하다

---

01 회사의 경쟁적 분위기는 직원들이 모두 마감 시한을 맞추는 데 동기 부여가 되었다.
02 연구부를 개편한다는 회사의 계획을 주제로 한 회장의 연설은 유익했다.
03 간호사들은 시내 전역의 의료 서비스 중단 가능성에 대한 두려움을 종결하는 새로운 계약을 압도적으로 지지했다.
04 분명하고 간결한 마케팅 계획이 새로운 고객들을 우리 회사로 끌어들이는 데 도움이 될 것이다.

05 complaint

u.s. [kəmpléint]

n. 불평, 불만

complain v. 불평하다

Fred made a **complaint** to the restaurant's manager after his waiter made a rude comment.

complaint about[against] ~에 대한 불만
make a complaint ~에 대해 불평하다
file a complaint with ~에 불만을 제기하다

06 multiple

u.s. [mʌ́ltəpəl]

adj. 많은, 다수의

multiply v. 증가시키다
multiplication n. 증가

We are able to offer a preferred discount only if you agree to buy **multiple** copies.

multiple records of transactions 이중 거래 기록
multiple task 여러 가지 업무

07 rarely

u.s. [rέərli]

adv. 드물게, 좀처럼 ~하지 않는

rare adj. 드문

Minority shareholders are **rarely** requested to attend corporate meetings, but their input is valued nevertheless.

very rarely 아주 드물게, 거의 ~않는
an accident rarely met with 보기 드문 사건

08 conclude

u.s. [kənklúːd]

v. 끝내다, 결론짓다, 끝나다

conclusion n. 결론
conclusive adj. 결정적인

Mr. Sannoco **concluded** that accepting the proposed merger would be detrimental to his vision.

in conclusion 결론적으로
reach a conclusion 결론을 도출하다

---

05 Fred는 웨이터가 무례한 말을 하고 나서 식당 지배인에게 불만을 호소했다.
06 다량으로 구매하는 데 동의하셔야만 우대 할인을 제공해 드릴 수 있습니다.
07 소주주들이 기업 회의에 참석할 것을 요청받는 경우는 거의 없지만 그럼에도 불구하고 그들이 제공하는 의견은 가치가 있다.
08 Sannoco 씨는 합병 제안을 받아들이는 것이 자신의 비전에 불리할 것이라고 결론지었다.

09 declaration

[dèkləréiʃən]

n. 신고서, 선언, 발표

declare v. 선언하다, 신고하다

All prospective Canadian immigrants must sign a **declaration** of intent stating that they will seek employment.

 a customs declaration 세관 신고서
fill out declaration form 신고서를 작성하다

10 portable

[pɔ́:rtəbl]

adj. 휴대용의

porter n. 운반인, 짐꾼

The state government is recalling several **portable** BBQ sets because the products fail to meet warning label requirements.

 a portable and lightweight camera 가벼운 휴대용 카메라

11 dedicate

[dédikèit]

v. 바치다, 전념하다

dedication n. 헌신, 전념
dedicated adj. 헌신적인, 전념하는

The new monument will be **dedicated** to Charles Malley, one of the city's most successful entrepreneurs.

 dedicate A to B A를 B에 바치다
be dedicated to ~에 헌납되다

12 expertise

[èkspərtí:z]

n. 전문적 지식, 전문성

expert n. 전문가

This job position requires the candidate to possess **expertise** in marketing and website design.

 expertise in ~에 대한 전문 지식
broaden the knowledge and expertise
지식과 전문 기술을 넓히다

13 average

[ǽvəridʒ]

adj. 평균의, 보통의
n. 평균

At an **average** growth rate 18% per year, Steve is extremely excited about his company's future.

 on an average 평균하여, 대략
above[below] the average 평균 이상[이하]

---

09 모든 예비 캐나다 이민자들은 일자리를 구할 것이라는 내용의 의향서에 서명해야 한다.
10 주정부는 여러 휴대용 바비큐 도구가 경고 문구 조건을 충족시키지 못하기 때문에 리콜하고 있다.
11 새 기념비는 그 도시의 가장 성공한 기업가들 중 한 명인 Charles Malley 씨에게 헌납될 것이다.
12 이 직무는 지원자가 마케팅과 웹사이트 디자인에 전문 지식을 보유할 것을 요구한다.
13 연 18%의 평균 성장률에 따라 Steve는 자기 회사의 미래에 대해 대단히 신이 났다.

14 expand

[U.S.] [ikspǽnd]

v. 넓히다, 확대하다, 퍼지다

expansive adj. 광범위한

Whistler Construction Corporation is attempting to **expand** its operation to include landscaping services and renovations.

expand the budget 예산을 늘리다
expand the market share 시장 점유율을 높이다
expand the market[the division] 시장을[부서] 확장하다

15 profit

[U.S.] [práfit/prɔ́f-]
[U.K.] [prɔ́fit]

n. 이익, 수익

profitability n. 수익성
profitable adj. 유익한

The successful branding and marketing of the new product has already boosted sales and increased **profits**.

make a profit 수익을 내다
profits generated by each product
각각의 제품에서 발생한 수익

16 exhausted

[U.S.] [igzɔ́:stid]

adj. 완전히 지친

exhausting
adj. 피곤하게 하는, 소모적인

Peter went straight to bed after a long day at work because he was **exhausted**.

look exhausted 지쳐 보이다
completely exhausted 완전히 지친

17 foster

[U.S.] [fɔ́:stər/fás-]
[U.K.] [fɔ́stər]

v. 촉진하다, 육성하다

My company makes use of team building exercises to **foster** feelings of goodwill between employees.

foster better relationship 더 나은 관계를 촉진하다

14 Whistler 건설 회사는 조경 서비스와 수리를 포함하도록 사업을 확장하려 하고 있다.
15 신상품의 성공적인 브랜드 상품화와 마케팅은 이미 판매를 촉진하고 수익을 증가시켰다.
16 Peter는 장시간 일을 한 후 너무 지쳐서 곧바로 잠자리에 들었다.
17 우리 회사는 직원들 사이에 호의의 감정을 촉진하기 위해 팀 단위 훈련을 이용한다.

18 inspiration
u.s. [ìnspəréiʃən]

n. 영감

inspire v. 영감을 주다
inspirational adj. 영감의

Mr. Plant's dedication and hard work on the project has been an **inspiration** to everybody.

 inspiration to ~에 자극을 주는 것

19 respective
u.s. [rispéktiv]

adj. 각각의

respectively adv. 각각

Both governments ordered their **respective** cabinets to devise a common strategy to fight the illegal drug trade.

 in respective fields 각각의 분야에서
the property of respective authors 각 저자의 자산

20 inhale
u.s. [inhéil]

v. 흡입하다, 들이쉬다

inhalation n. 흡입

Everybody should **inhale** a deep breath, count to three, and then exhale slowly.

 inhale deeply 깊게 숨을 쉬다
dangerous to inhale 흡입이 위험한

21 migration
u.s. [maigréiʃən]

n. 이주, 이동

migrate v. 이주하다
migrating adj. 이주하는

There was a mass **migration** of poor farmers from the countryside into major metropolitan areas last year.

 seasonal migration 계절에 따른 이동

22 sufficient
u.s. [səfíʃənt]

adj. 충분한

sufficiently adv. 충분히

We are convinced that we do not have **sufficient** funds to complete the project on budget.

 be sufficient to + 동사원형 ~하기에 충분하다
sufficient for ~에 충분한

---

18 프로젝트에 대한 Plant 씨의 헌신과 열심은 모두에게 영감을 주었다.
19 양 정부는 각각의 내각에 불법 마약 거래를 퇴치할 공동 전략을 세우라고 명령했다.
20 모두 깊이 숨을 들이마시고 셋을 센 다음 천천히 내쉬세요.
21 작년에 시골에서 주요 대도시 지역으로 가난한 농부들이 대거 이주했다.
22 우리는 한정된 예산으로 그 프로젝트를 완수하기에 자금이 충분치 않다고 확신한다.

23 lodge

u.s. [ladʒ]
u.k. [lɔ́dʒ]

v. (정보 · 진정 등을) 제출하다,
수용하다
n. 숙소, 오두막

The Australian government **lodged** a formal protest against the arrest of one of its citizens.

 be lodged in ~에 위탁하다, 부여하다

24 necessity

u.s. [nisésəti]

n. 필수성, 필수품

need n. 필요 v. 필요로 하다
necessary adj. 필수적인
necessarily adv. 반드시

Prospective employees are asked to submit a recent medical check with their application, but there's no **necessity** for it.

the necessity of [for] ~에 대한 필요성

25 participate

u.s. [pɑːrtísəpèit]

v. 참여하다, 관여하다

participation n. 참여
participant n. 참가자

New residents who don't **participate** in town life are a growing concern, rural mayors say.

participate in ~에 참가하다

26 patent

u.s. [pǽtənt/péit-]
u.k. [péitənt]

n. 특허권, 특허품
v. 특허를 얻다

The company filed a **patent** on a genetically engineered grain that promises to grow abundantly with less resources.

patent on [for] ~에 대한 특허
be well known for its numerous patent holders
수많은 특허권 소지자를 보유한 것으로 유명하다

---

23 오스트레일리아 정부는 시민 한 명이 체포된 것에 대해 공식 항의를 제기했다.
24 예비 직원들은 지원서와 함께 최근에 받은 건강 검진 기록을 제출하시기 바랍니다만 필수 사항은 아닙니다.
25 지방 시장들은 마을 생활에 참여하지 않는 새 주민들에 대한 우려가 높아지고 있다고 말한다.
26 그 회사는 보다 적은 자원으로 풍부하게 재배할 수 있을 것으로 전망되는 유전자 조작 곡물에 대한 특허를 신청했다.

27 renew

[U.S.] [rinʃúː]

v. 갱신하다, 재건하다

renewal n. 갱신, 재개발
renewable adj. 갱신할 수 있는

Despite awareness of the disease, this latest outbreak has led to **renewed** concerns about its spread.

renew a driver's license 운전 면허증을 갱신하다
renew the subscription 구독 기한을 연장하다
agree to renew your consultant contract
고문 계약 연장에 동의하다

28 remark

[U.S.] [rimáːrk]

n. 의견, 비평
v. 말하다, 주의하다

remarkable adj. 놀랄 만한, 뛰어난

The salesperson was severely reprimanded for the derogatory **remarks** he made about the presenter's appearance.

remark on ~을 비평하다
make a remark 말하다
address one's remarks to ~에게 의견을 말하다

29 strengthen

[U.S.] [stréŋkθən]

v. 강화하다, 격려하다, 강화되다

strength n. 힘, 장점

I agree that we must grasp every opportunity to **strengthen** economic ties with others in the industry.

strengthen economic ties 경제적 유대 관계를 강화하다

30 resistance

[U.S.] [rizístəns]

n. 내구성, 반대, 저항

resist v. 반대하다, 견디다
resistant adj. 반대하는, 저항하는

There has been strong **resistance** to the proposed tax increases, especially among low income earners.

resistance to ~에 대한 반대
high temperature resistance 고온 저항력

---

27 그 질병에 대한 인식에도 불구하고 최근의 발병으로 질병 확산에 대한 우려가 다시 생겨났다.
28 그 영업사원은 발표자의 외모에 대해 그가 한 비하 발언으로 엄청나게 비난을 받았다.
29 우리가 업계의 다른 단체들과 경제적 유대를 강화하기 위한 모든 기회를 잡아야 한다는 데 동의한다.
30 특히 저소득자들 사이에 제안된 세금 인상에 대한 거센 반대가 있다.

Check-up ◀

Listen and fill in the blanks with the correct words. MP3

01 A clear and concise marketing plan could help to _____ new clients to our organization.

02 We are able to offer a preferred discount only if you agree to buy _____ copies.

03 Mr. Sannoco _____ that accepting the proposed merger would be detrimental to his vision.

04 Whistler Construction Corporation is attempting to _____ its operation to include landscaping services and renovations.

05 The successful branding and marketing of the new product has already boosted sales and increased _____.

06 My company makes use of team building exercises to _____ feelings of goodwill between employees.

07 Everybody should _____ a deep breath, count to three, and then exhale slowly.

08 We are convinced that we do not have _____ funds to complete the project on budget.

09 Prospective employees are asked to submit a recent medical check with their application, but there's no _____ for it.

10 The salesperson was severely reprimanded for the derogatory _____ he made about the presenter's appearance.

01 분명하고 간결한 마케팅 계획이 새로운 고객들은 우리 회사로 끌어들이는 데 도움이 될 것이다. 02 다량으로 구매하는데 동의하셔야만 우대 할인을 제공해 드릴 수 있습니다. 03 Sannoco 씨는 합병 제안을 받아들이는 것이 자신의 비전에 불리할 것이라고 결론지었다. 04 Whistler 건설 회사는 조경 서비스와 수리를 포함하도록 사업을 확장하려 하고 있다. 05 신상품의 성공적인 브랜드 상품화와 마케팅은 이미 판매를 촉진하고 수익을 증가시켰다. 06 우리 회사는 직원들 사이에 호의의 감정을 촉진하기 위해 팀 단위 훈련을 이용한다. 07 모두 깊이 숨을 들이마시고 셋을 센 다음 천천히 내쉬세요. 08 우리는 한정된 예산으로 그 프로젝트를 완수하기에 자금이 충분치 않다고 확신한다. 09 예비 직원들은 지원서와 함께 최근에 받은 건강 검진 기록을 제출하시기 바랍니다만 필수 사항은 아닙니다. 10 그 영업사원은 발표자의 외모에 대해 그가 한 비하 발언으로 엄청나게 비난을 받았다.

Day 11 107

Day 12

 MP3

---

01 attendance

U.S. [əténdəns]

n. 출석, 참석

attend v. 출석하다
attention n. 주목, 경청
attendant n. 출석자

Attendance at Monday's meeting will be mandatory for all employees in the accounting department.

 기출 엿보기
be in attendance 참석하다
attendance records 출근 기록

---

02 instant

U.S. [ínstənt]

adj. 당장, 즉석의

instantly adv. 즉시

All of our latest direct deposit accounts offer you **instant** access to your money.

 기출 엿보기
in an instant 눈 깜짝할 사이에, 즉시
for an instant 잠시 동안

---

03 precisely

U.S. [prisáisli]

adv. 정확히, 정밀하게

precise adj. 정확한, 명확한

This tiny robot is able to move objects **precisely**, and it could be used to handle hazardous materials.

 기출 엿보기
precisely according to a rule 정확히 규칙에 따라서

---

04 attribute

U.S. [ətríbjuːt]

v. (원인을) ~의 탓이라고
생각하다

attribution n. 귀속

The year's increased profits can be **attributed** to the company's efficient use of its resources.

 기출 엿보기
attribute A to B A의 원인이 B라고 생각하다

---

01 월요일 회의 참석은 회계부 직원들 모두에게 의무사항이다.
02 저희 모든 최신 자동 이체 계좌는 돈을 즉시 찾을 수 있는 서비스를 제공합니다.
03 이 작은 로봇은 물건들을 정밀하게 움직일 수 있으며 유해 물질을 처리하는 데 이용할 수 있다.
04 올해 수익 증가는 회사 자원의 효율적 사용이 원인이라고 할 수 있다.

05 concern

u.s. [kənsə́:rn]

v. 걱정하게 만들다, 연관시키다
n. 걱정, 관심사

concerned adj. ~에 관련된
concerning prep. ~에 관하여

A fall in Grant Fusion's stock price left stockholders deeply **concerned** about its future.

party concerned 당사자
be concerned about ~에 대해 걱정하다
address customers concerns 고객 관심사를 다루다
To whom it may concern 담당자께

06 notable

u.s. [nóutəbəl]

adj. 눈에 띄는, 주목할 만한

note v. 주목하다, 언급하다
noted adj. 잘 알려진, 유명한

Mr. Lewis is being honored this evening for his **notable** contributions to our understanding of macroeconomic indicators.

be notable for [as] ~로 유명하다
a notable achievement 뛰어난 업적

07 strictly

u.s. [stríktli]

adv. 엄격히, 꼼꼼히

strict adj. 엄격한

The translator we hired adhered **strictly** to the original text; she has done a fine job.

strictly limited [prohibited] 엄격히 제한된[금지된]
strictly speaking 엄밀히 말하면
strictly enforced laws 엄격하게 집행되는 법

08 condense

u.s. [kəndéns]

v. (표현을) 간추리다, 요약하다
condensation n. 요약, 응축
condensed adj. 요약한, 간결한

The manufacturing department is attempting to **condense** their operation because it is too costly.

condense A into B A를 B로 응축시키다
condense the current training course
현재 훈련 과정을 간소화하다

09 decoration

u.s. [dèkəréiʃən]

n. 장식, 훈장

decorate v. 장식하다

The entire office had fun putting up the Christmas **decorations** and singing carols.

stage decoration 무대 장식
touch a carved decoration 조각 장식을 만지다

---

05 Grant Fusion의 주가 하락은 주주들이 회사의 미래에 대해 깊이 우려하게 만들었다.
06 Lewis 씨는 거시 경제 지표를 이해하는 데 주목할 만한 공헌을 하였으므로 오늘 저녁 수상을 할 것이다.
07 우리가 고용한 번역가는 원문을 엄격하게 고집했으며 일을 잘 했다.
08 제조부는 너무 비용이 많이 들기 때문에 작업을 간략하게 하려 한다.
09 전 직원은 크리스마스 장식을 하고 캐롤을 부르며 즐겁게 보냈다.

10 potential

[poʊténʃəl]

n. 가능성, 잠재력
adj. 가능한, 잠재하는

potentially adv. 잠재적으로

The problem with deflation is that many **potential** customers will put off buying in the near term.

 full potential 모든 잠재적 역량
potential customer[client] 잠재 고객
reach one's full potential ~의 잠재력을 최대한 발휘하다

11 deduce

[didʒúːs]

v. 추론하다

deduction n. 공제, 삭감
deductive adj. 추론적인, 연역적인

The president has **deduced** that he should take on a more active role in the company's daily operations.

12 extinction

[ikstíŋkʃən]

n. 멸종

extinct adj. 멸종된, 사라진

The oil company's proposed drilling site is home to several animals that are facing **extinction**.

 in danger of extinction 멸종 위기에 있는
near extinction 멸종 위기에 있는

13 confidential

[kànfidénʃəl/kɔ̀n-]

adj. 기밀의, 은밀한

confidentially
adv. 비밀리에, 은밀하게

Only authorized members of the board have access to the company's **confidential** personnel files.

 confidential documents[information] 비밀 서류[정보]
keep client's files confidential 고객 파일을 기밀에 부치다

---

10 디플레이션의 문제는 많은 잠재 고객들이 가까운 시일 내에 구매를 연기할 것이라는 점이다.
11 회장은 회사의 일상 업무에 좀 더 적극적인 역할을 맡아야 하겠다고 생각했다.
12 그 석유 회사가 제안한 굴착 부지는 멸종 위기에 처한 여러 동물의 서식지다.
13 승인을 받은 이사회 회원들만이 회사 기밀 인사 파일을 열람할 수 있다.

14 expedite
u.s. [ékspədàit]

v. 신속히 처리하다

expedition n. 탐험, 모험
expeditious adj. 신속한

If you need the package to arrive by tomorrow morning, we will **expedite** the shipping process.

 expedite the processing of a claim
불만 처리 절차를 신속하게 하다

15 progress
u.s. [prágrəs/-res]
u.k [prougres]

n. 진보, 전진
v. 진행되다, 진척시키다

progression n. 진행, 전진
progressive adj. 전진하는, 진보하는

Elron Corp. has contracted us to design a new spreadsheet program which they can use to chart their **progress**.

 in progress 진행 중인
progress in ~에서의 진척, 진보
be commended for impressive progress
인상적인 발전으로 격찬받다

16 formal
u.s. [fɔ́:rməl]

adj. 공식적인, 형식적인

formally adv. 공식적으로

Formal negotiations between union representatives and the mayor broke down because neither side would compromise.

 a formal dinner 정식 만찬
receive a formal letter of appointment 공식 임명장을 받다

17 hesitate
u.s. [hézətèit]

v. 주저하다, 망설이다

hesitation n. 주저
hesitative adj. 주저하는

Don't **hesitate** to contact our customer service team if you have any questions.

 hesitate to + 동사원형 ~을 주저하다

---

14 물건이 내일 아침까지 도착해야 한다면 배송 업무를 신속히 처리해 드리겠습니다.
15 Elron 사는 진도를 차트로 나타낼 때 사용할 수 있는 새로운 스프레드시트 프로그램을 설계하는 계약을 우리와 맺었다.
16 노조 대표들과 시장 사이의 공식 협상은 양측이 타협하려 하지 않아서 결렬되었다.
17 어떤 문제라도 주저하지 말고 저희 고객 서비스 팀에 연락주세요.

18 instinct

u.s. [ínstiŋkt]

n. 본능, 천성, 직관

instinctive adj. 본능적인

All my **instincts** tell me we should delay purchasing any more software until the spring.

 a keen research instinct 예리한 탐구 자질
instinctive reaction 본능적 반응

19 subordinate

u.s. [səbɔ́ːrdənit]

adj. 종속의, 부수적인
n. 부하 직원

subordination n. 복종

In many Asian cultures, the needs of the individual are **subordinate** to those of the group.

 subordinate to ~에 비해 부차적인
relationships with supervisors and subordinates 상하급자의 관계

20 integrate

u.s. [íntəgrèit]

v. 통합하다, 완성하다

integrity n. 완전 무결
integration n. 통합, 완성
integrated adj. 통합된, 완전한

It's very difficult for a company to **integrate** itself into a society whose culture is so different from its own.

 integrate A into B A를 B에 통합하다
integrate with ~와 통합하다

21 literacy

u.s. [lítərəsi]

n. 글을 읽고 쓰는 능력

Far more resources are needed to improve **literacy** among the adult population in this region.

 literacy campaign 문맹 퇴치 캠페인

---

18 내 직관에 따르면 우리는 소프트웨어를 구입하는 것을 봄까지 미뤄야 한다.
19 많은 아시아 문화에서 개인의 요구는 단체의 요구에 비해 덜 중요하다.
20 한 회사가 문화가 전혀 다른 사회에 통합되는 것은 매우 어렵다.
21 이 지역 성인들의 읽고 쓰는 능력을 향상시키기 위해 훨씬 많은 재원이 필요하다.

22 tangible

u.s. [tǽndʒəbəl]

adj. 명백한, 가시적인

I'm afraid your proposal will not actually produce enough **tangible** results in the short term.

 tangible assets 유형 자산

23 provide

u.s. [prəváid]

v. 제공하다, 마련하다

provider n. 공급자
provided conj. 만일 ~라면

Under this new scheme, the government will be able to **provide** viable social services for poorer families.

 provide A with B(=provide B for A) A에게 B를 공급하다
be provided with ~이 갖추어져 있다
provide a better service to users
사용자에게 더 나은 서비스를 제공하다

24 neutrality

u.s. [nju:trǽləti]

n. 중립(성)

neutral adj. 중립의
neutrally adv. 중립으로, 공평하게

The Queen of England's longstanding tradition of political **neutrality** has been questioned in recent months.

 a tradition of neutrality in business
사업에 있어 전통적 중립성

25 renovate

u.s. [rénəvèit]

v. 새단장하다, 개축하다,
혁신하다

renovation n. 수리, 수선

At Hillsdale Building, we **renovate** old houses and office buildings and sell them at a profit.

 recently renovated 최근에 개조된

26 opponent

u.s. [əpóunənt]

n. 적수, 반대자

oppose v. 반대하다, 대항하다

Targeting the **opponent's** weak spots is a typical technique in politics, though it is increasingly disliked by voters.

 beat the opponent overwhelmingly
상대방을 압도적으로 이기다
opponent of the proposal 그 제안의 반대자들

---

22 당신의 제안은 실제적으로 단기에 충분히 구체적인 결과를 내지 못할 것 같습니다.
23 이 새로운 계획 하에 정부는 더 빈곤한 가정에 실행 가능한 사회 복지 서비스를 제공할 수 있을 것이다.
24 오랫동안 이어진 영국 여왕의 정치적 중립 전통에 대해 최근에 의문이 제기되었다.
25 Hillsdale Building에서 우리는 낮은 집과 사무실 건물을 개조하여 이익을 남기고 판다.
26 비록 유권자들이 점점 싫어하기는 하지만 적의 약점을 목표로 삼는 것은 정치에서 볼 수 있는 전형적인 기술이다.

27 replace
[U.S.] [ripléis]

v. 대체하다, 후임자가 되다

replacement n. 교체품, 후임자

The contract clearly states that you must **replace** every broken light fixture with one that is operable.

 replace A with B A를 B로 교체하다
replace a bulb in a street lamp 가로등의 전구를 교체하다

28 representative
[U.S.] [rèprizéntətiv]

n. 대표자, 판매 대리인
adj. 대표하는, 대리의

represent v. 대리하다, 대표하다
representation n. 설명, 표시

A Mitchell Chemical **representative** will meet you at the airport arrival lounge and escort you to your hotel.

 a customer service representative 고객 서비스 센터 직원
a sales [payroll] representative 영업 사원[급여 담당 직원]

29 struggle
[U.S.] [strʌ́gəl]

v. 애쓰다, 고군분투하다
n. 노력, 분투

Many working moms **struggle** to balance both a career and a busy family life at home.

 struggle for [to] ~을 얻기 위해 노력하다
struggle against ~에 대항해 싸우다
struggle with ~와 싸우다, 노력하다

30 stance
[U.S.] [stæns]
[U.K] [sta:ns]

n. 입장, 태도

There have been repeated calls for the president to moderate his **stance** on health care reform.

 stance on ~에 대한 태도
take a neutral stance on an issue
논점에 대해 중립적인 입장을 취하다

---

27 계약서에는 당신이 고장난 모든 조명 기구를 새것으로 교체해야 한다고 분명히 명시되어 있습니다.
28 Mitchell Chemical의 담당자가 공항 도착 라운지에 당신을 마중 나갈 것이고 호텔까지 안내할 것입니다.
29 많은 일하는 주부들은 일과 가정에서의 바쁜 가사일의 균형을 맞추기 위해 애쓴다.
30 의료 보험 개혁에 대한 대통령의 입장을 자제하라는 거듭된 요청이 있었다.

Check-up ◀

🎧 Listen and fill in the blanks with the correct words. ⊚MP3

01 All of our latest direct deposit accounts offer you _____ access to your money.

02 Mr. Lewis is being honored this evening for his _____ contributions to our understanding of macroeconomic indicators.

03 The manufacturing department is attempting to _____ their operation because it is too costly.

04 The problem with deflation is that many _____ customers will put off buying in the near term.

05 The oil company's proposed drilling site is home to several animals that are facing _____.

06 Elron Corp. has contracted us to design a new spreadsheet program which they can use to chart their _____.

07 It's very difficult for a company to _____ itself into a society whose culture is so different from its own.

08 I'm afraid your proposal will not actually produce enough _____ results in the short term.

09 At Hillsdale Building, we _____ old houses and office buildings and sell them at a profit.

10 The contract clearly states that you must _____ every broken light fixture with one that is operable.

---

01 저희 모든 최신 자동 이체 계좌는 돈을 즉시 찾을 수 있는 서비스를 제공합니다. 02 Lewis 씨는 거시 경제 지표를 이해하는 데 주목할 만한 공헌을 하였으므로 오늘 저녁 수상을 할 것이다. 03 제조부는 너무 비용이 많이 들기 때문에 작업을 간략하게 하려고 한다. 04 디플레이션의 문제는 많은 잠재 고객들이 가까운 시일 내에 구매를 연기할 것이라는 점이다. 05 그 석유 회사가 제안한 굴착 부지는 멸종 위기에 처한 여러 동물의 서식지다. 06 Elron 사는 진도를 차트로 나타낼 때 사용할 수 있는 새로운 스프레드시트 프로그램을 설계하는 계약을 우리와 맺었다. 07 한 회사가 문화가 전혀 다른 사회에 통합되는 것은 매우 어렵다. 08 당신의 제안은 실제적으로 단기에 충분히 구체적인 결과를 내지 못할 것 같습니다. 09 Hillsdale Building에서 우리는 낡은 집과 사무실 건물을 개조하여 이익을 남기고 판다. 10 계약서에는 당신이 고장난 모든 조명 기구를 새것으로 교체해야 한다고 확실히 명시되어 있습니다.

Day 13

01 attire
u.s. [ətáiər]
n. 옷차림, 의복

Proper business **attire** can give employees a more professional image and greater confidence.

 formal business attire 정장

02 instructive
u.s. [instrʌ́ktiv]
adj. 유익한, 교육적인

instruct v. 가르치다, 지시하다
instruction n. 사용 설명서, 교육

According to the GM, the trade mission to Angola was very **instructive** of the state of the industry.

03 previously
u.s. [prí:viəsli]
adv. 이전에, 미리

previous adj. 이전의

Mr. Wilkins was **previously** employed as a distribution manager for a small, locally owned business.

 be previously criticized for 이전에 ~라는 비판을 받다
previously owned automobiles 이전에 소유했던 자동차

04 authorize
u.s. [ɔ́:θəràiz]
v. 허가하다, 승인하다

authorization n. 허가
authority n. 권위자, 권한, 당국
authorized adj. 인정 받은, 공인된

The newly proposed employee benefits plan must still be **authorized** by the director of finance.

 authorize A to + 동사원형 A에게 ~하도록 권한을 주다
be authorized to + 동사원형 ~할 권한이 있다
authorize any use of your health information
건강 정보 사용을 허가하다

01 적절한 정장 차림은 직원들에게 좀 더 전문적인 이미지와 더 큰 자신감을 줄 수 있다.
02 GM에 따르면 앙골라로 파견된 무역 사절단은 업계 상황에 대해 매우 유익한 정보를 주었다.
03 Wilkins 씨는 전에 작은 지방 회사의 유통 관리자로 고용되었다.
04 새로 제안된 직원 복리 후생은 아직 재정 팀장의 승인을 받아야 한다.

05 auditor

U.S. [ɔ́:dətər]

n. 회계 감사원, 청강생

audit n. 회계 감사
v. (회계를) 감사하다, 청강하다

An external **auditor** will begin to review the expense accounts of all the city's councilors next week.

---

06 partial

U.S. [pá:rýəl]

adj. 부분적인, 불공평한

partially adv. 부분적으로, 불공평하게

The ruling camp has ordered a **partial** withdrawal of troops from the area, signaling a possible reduction of hostilities.

 기출
엿보기
partial to ~을 특히 좋아하는
be partially shaded 일부만 그늘이 되다

---

07 sturdy

U.S. [stɔ́:rdi]

adj. 견고한, 튼튼한

The walking boots I saw advertised look perfect: they are **sturdy**, stylish, and affordable.

 기출
엿보기
sturdy houseplants 튼튼한 화분

---

08 conform

U.S. [kənfɔ́:rm]

v. (규칙 등에) 부합하다, 따르다

conformity n. (규칙에) 따름

The management team hopes their staff will quickly **conform** to the company's new policies.

 기출
엿보기
conform to[with] ~에 부합하다
conform to standards 기준을 따르다

---

09 conflict

U.S. [kάnflikt]
U.K. [kɔ́nflikt]

n. 충돌, 대립, 투쟁
v. 충돌하다

It is necessary for department managers to be confident in their ability to mediate employee **conflicts**.

기출
엿보기
scheduling conflict 일정의 상충
conflict with ~와 상충되다

---

05 외부 회계 감사원은 다음 주에 모든 시의원들의 비용 계정을 검토하기 시작할 것이다.
06 집권 여당은 적개심의 감소 가능성을 암시하면서 그 지역에서 군대를 부분적으로 철수할 것을 지시했다.
07 내가 광고에서 본 워킹 부츠는 견고하고 멋지고 저렴해서 완벽해 보인다.
08 경영팀은 직원들이 빨리 회사의 새로운 정책을 따르기를 바란다.
09 부서장들에게는 직원 간 갈등을 자신 있게 중재하는 능력이 필수적이다.

10 rational

U.S. [rǽʃənl]

adj. 합리적인

rationalize v. 합리화하다

The new HR manager is highly respected because of her **rational** way of looking at things.

 a rational decision 합리적 결정

---

11 define

U.S. [difáin]

v. 정의를 내리다,
   뜻을 명확히 하다

definition n. 한정, 정의
definite adj. 명확한

I believe that it's important to **define** each team member's role in the project before we begin.

 define A as B A를 B로 규정짓다, 정의를 내리다
defined career path 명확한 경력의 길

---

12 deficit

U.S. [défəsit]

n. 적자, 부족액

deficient adj. 부족한

A series of good investments has helped the government reduce the national **deficit** by 40%.

 deficit of + 금액 ~만큼의 적자, 손해

---

13 controversial

U.S. [kʌ̀ntrəvə́:rʃəl/kɔ̀n-]

adj. 논란이 되는

controversy n. 논란

In a tremendously **controversial** decision, the municipal government has agreed to give large businesses a tax cut.

 in a controversial time 논란이 되는 시점에

---

10 신임 인사 관리자는 일을 보는 합리적인 방식 때문에 대단히 존경받는다.
11 시작 전에 프로젝트에서 각 팀 구성원의 역할을 정의하는 것이 중요하다고 생각한다.
12 일련의 훌륭한 투자는 정부가 국가 적자를 40% 줄이는 데 도움이 되었다.
13 엄청나게 논란이 되는 결정으로 지방 정부는 대기업에 세금 삭감을 해주기로 동의했다.

14 fold

U.S. [fould]

v. 접다, 팔짱 끼다

folder n. 서류철, 폴더

This machine is used to **fold** all of the fabric before it is packaged and shipped overseas.

 fold a shopping bag 쇼핑 봉투를 접다
have one's arms folded 팔짱을 끼다

15 proportion

U.S. [prəpɔ́:rʃən]

n. 비율, 부분, 몫

A recent report shows that middle-income families save a larger **proportion** of their income than previously thought.

 at a constant proportion 일정한 비율로
a substantial proportion[number, amount] of 상당한 비율[수, 양]의~

16 fragile

U.S. [frǽdʒəl]
U.K. [frǽdʒail]

adj. 깨지기 쉬운, 약한

The shipping department will affix different labels to indicate which packages contain **fragile** products.

 transfer fragile goods 깨지기 쉬운 상품을 옮기다

17 induce

U.S. [indjú:s]

v. 설득하다, 유발하다

inducement n. 유발

Pharmatech has released preliminary results of a new drug designed to **induce** remission of cancer cells.

 induce weight loss 체중 감소를 유발하다

18 inflation

U.S. [infléiʃən]

n. 물가 상승, 통화 팽창

inflate v. 부풀게 하다, 팽창시키다

With higher than expected economic growth this quarter, economists remain concerned about **inflation**.

 lead to inflation 물가 상승을 초래하다
double-digit inflation 두 자릿수의 물가 상승률

---

14 이 기계는 포장되고 해외로 배송되기 전에 모든 직물을 접는 데 사용된다.
15 최근의 보고에서는 중산층 가정들이 이전에 생각했던 것보다 더 많은 수입 일부를 저축하는 것으로 나타났다.
16 운송부는 어떤 상자에 깨지기 쉬운 상품이 들어와 있는지 표시하기 위해 다른 라벨을 붙일 것이다.
17 Pharmatech는 암세포 감소를 유도하기 위해 만들어진 신약의 예비 결과를 발표했다.
18 이번 분기에 예상보다 높은 경제 성장으로 경제학자들은 여전히 물가 상승을 우려하고 있다.

19 substantial

u.s. [səbstǽnʃəl]

adj. 상당한, 많은

substance n. 물질
substantially adv. 상당히, 많이

The eco-group Livingreen is calling for a **substantial** reduction in the emission of greenhouse gases by China.

 기출 엿보기

charge substantial penalties 상당한 벌금을 부과하다
undergo substantial renovation 대대적으로 개조하다
a substantial number[amount, proportion] of
상당한 수[양, 비율]의

20 leak

u.s. [liːk]

v. 새다, 누출하다, 누출시키다
n. 새는 곳, (정보의) 누설

leakage n. 누출, 누설

Customers have complained that the sunroof over the Jacuzzi is apt to **leak** when it rains.

 기출 엿보기

a leak in ~의 누수
check for leaks 누수 여부를 확인하다

21 monopoly

u.s. [mənάpəli]
u.k. [mənɔ́pəli]

n. (상품의) 독점, 전매

monopolize v. 독점하다

Since last year, there are strict laws in this country to stop companies from becoming **monopolies**.

 기출 엿보기

have a monopoly on[of] ~에 대한 독점권을 가지다

22 trivial

u.s. [tríviəl]

adj. 사소한

Sexual harassment is not a **trivial** matter; all complaints will be thoroughly followed up.

 기출 엿보기

a lot of trivial stuff 많은 사소한 일

---

19 환경 단체인 Livingreen은 중국이 온실 가스 배출을 상당량 감소할 것을 요구하고 있다.
20 고객들은 Jacuzzi의 선루프가 비가 오면 잘 샌다고 불평했다.
21 작년부터 이 나라에서 회사들이 독점화되는 것을 막는 엄격한 법이 시행되고 있다.
22 성희롱은 사소한 문제가 아니며 모든 불만은 철저히 규명될 것이다.

23 protest

u.s. [proutést]
u.k. [prətest]

n. 시위, 항의
v. 시위하다, 항의하다

protester n. 시위자, 반대자

Managers joined the **protest** to show solidarity with their workers, many of whom have been out of work for months.

 without protest 저항 없이
protest against [about, at] ~에 대해 항의하다

24 nomination

u.s. [nàmənéiʃən]
u.k. [nɔ̀mənéiʃən]

n. 지명, 임명

nominate v. 지명하다
nominee n. 지명된 사람

He was unsuccessful in his bid for the 1982 and 1992 Republican presidential **nomination**.

 a nomination for [to] ~에 대한 지명 [~에의 임명]
win [get] a nomination 임명되다

25 reserve

u.s. [rizə́:rv]

v. 예약하다, 보존하다

reservation n. 예약, 보류
reserved adj. 예약된

I would like to **reserve** two seats for tomorrow evening's performance, if that is at all possible.

 in reserve (장래를 위해) 비축된, 예비의
reserve the right to + 동사원형 ~할 권리를 갖다
the reserved parking area 지정된 주차 구역

26 orientation

u.s. [ɔ̀:riɛntéiʃən]

n. 오리엔테이션, 입문 지도

orient v. 적응시키다, 익숙하게 하다

The sales department has arranged an **orientation** session for all new employees beginning the first week of November.

 attend newcomer orientation 신입 사원 모임에 참가하다
sign up for the orientation session
오리엔테이션 모임에 등록하다

---

23 관리자들은 상당수가 몇 개월 동안 실직 상태에 있는 직원들과의 단결을 보여주기 위해 시위에 가담했다.
24 1982년과 1992년의 공화당 대선 후보 지명을 위한 그의 노력은 성공하지 못했다.
25 가능하다면 내일 저녁 공연 좌석 두 자리를 예매하고 싶습니다.
26 판매부는 11월 첫째 주에 모든 신입 직원들을 위한 오리엔테이션 일정을 준비했다.

27 stimulate

[U.S.] [stímjulèit]

v. 자극하다, 활기를 띠게 하다

stimulation n. 자극, 격려
stimulating adj. 자극하는

Local and state governments are joining forces to **stimulate** business development in economically distressed areas.

 stimulate economic recovery 경제 회복에 박차를 가하다

28 reputation

[U.S.] [rèpjutéiʃən]

n. 평판, 명성

repute v. ~라고 평하다
　　　　 n. 평판, 세평
reputed adj. 평판이 좋은

Recent failures to discover natural gas deposits in the Arctic have done serious damage to the company's **reputation**.

 have a reputation 명성을 얻다
make one's reputation as ~로서 명성을 얻다

29 subscribe

[U.S.] [səbskráib]

v. 정기 구독하다

subscription n. 구독
subscriber n. 구독자

To **subscribe** to any of the free services that appear below, simply visit our website.

 subscribe to [for] + 명사 ~을 정기 구독하다

30 standpoint

[U.S.] [stǽndpɔint]

n. 관점, 입장

From a professional **standpoint**, I would have to advise wearing a more traditional navy blue suit to the interview.

 a medical standpoint 의학적 관점에서

---

27 지방 및 주 정부는 경제적으로 낙후된 지역에 경제 개발을 자극하기 위해 협력하고 있다.
28 최근 북극에 매장된 천연 가스 발견의 실패는 회사의 평판에 큰 타격을 주었다.
29 아래에 제시된 무료 서비스를 정기 구독하려면 저희 웹사이트를 방문하시기만 하면 됩니다.
30 전문가의 입장에서, 면접에 보다 전통적인 짙은 남색 정장을 입고 가라고 조언하고 싶다.

Check-up ◀

🎧 Listen and fill in the blanks with the correct words. ⊙ MP3

01 Mr. Wilkins was _____ employed as a distribution manager for a small, locally owned business.

02 The management team hopes their staff will quickly _____ to the company's new policies.

03 I believe that it's important to _____ each team member's role in the project before we begin.

04 In a tremendously _____ decision, the municipal government has agreed to give large businesses a tax cut.

05 A recent report shows that middle-income families save a larger _____ of their income than previously thought.

06 The eco-group Livingreen is calling for a _____ reduction in the emission of greenhouse gases by China.

07 Since last year, there are strict laws in this country to stop companies from becoming _____.

08 Managers joined the _____ to show solidarity with their workers, many of whom have been out of work for months.

09 To _____ to any of the free services that appear below, simply visit our website.

10 From a professional _____, I would have to advise wearing a more traditional navy blue suit to the interview.

---

01 Wilkins 씨는 전에 작은 지방 회사의 유통 관리자로 고용되었다. 02 경영팀은 직원들이 빨리 회사의 새로운 정책을 따르기를 바란다. 03 시작 전에 프로젝트에서 각 팀 구성원의 역할을 정의하는 것이 중요하다고 생각한다. 04 엄청나게 논란이 되는 결정으로 지방 정부는 대기업에 세금 삭 감을 해주기로 동의했다. 05 최근의 보고에서는 중산층 가정들이 이전에 생각했던 것보다 더 많은 수입 일부를 저축하는 것으로 나타났다. 06 환 경 단체인 Livingreen은 중국이 온실 가스 배출을 상당량 감소할 것을 요구하고 있다. 07 작년부터 이 나라에서 회사들이 독점화되는 것을 막는 엄 격한 법이 시행되고 있다. 08 관리자들은 상당수가 몇 개월 동안 실직 상태에 있는 직원들과의 단결을 보여주기 위해 시위에 가담했다. 09 아래에 제시된 무료 서비스를 정기 구독하려면 저희 웹사이트를 방문하시기만 하면 됩니다. 10 전문가의 입장에서, 면접에 보다 전통적인 짙은 남색 정장 을 입고 가라고 조언하고 싶다.

Day 14

01 attitude
u.s. [ǽtitʃùːd]

n. 태도, 의견

Many of Fred's co-workers benefited from his positive **attitude** and willingness to help.

 기출
엿보기

attitude to[towards] ~에 대한 태도, 자세
a persistent attitude 한결같은 태도

02 legitimate
u.s. [lidʒítəmit]

adj. 합법적인

legitimacy n. 합법성
legitimation n. 합법화

All economic activity in the area will cease unless power is given back to the **legitimate** government.

기출
엿보기

in legitimate way 정당한 방법으로

03 promptly
u.s. [prάmptli]
u.k. [prɔ́mptli]

adv. 신속히, 즉시

promptness n. 신속, 민첩함
prompt adj. 신속한, 즉각적인

The president's televised address disclosing details of the planned health care reform bill was **promptly** criticized.

기출
엿보기

begin promptly at 7 a.m. 오전 7시에 바로 시작하다
report to the police promptly 경찰에 즉시 신고하다
answer the phone calls promptly 전화를 신속히 받다

04 automate
u.s. [ɔ́ːtəmèit]

v. 자동화하다

automatic adj. 자동의
automatically adv. 자동적으로

A clear and effective training manual for new employees can help to **automate** the training process.

 기출
엿보기

fully automated 완전 자동화된
automate the assembly line 조립 라인을 자동화하다

---

01 Fred의 많은 직장 동료들은 그의 긍정적인 태도와 도움을 주려는 의지로 혜택을 받았다.
02 합법적 정부에게 권력이 되돌아가지 않는다면 그 지역의 모든 경제 활동은 중단될 것이다.
03 계획된 의료 제도 개혁안의 세부 내용을 밝히는 대통령의 텔레비전 연설은 즉시 비판받았다.
04 신입 직원을 위한 분명하고 효과적인 훈련 매뉴얼은 연수 과정을 자동화하는 데 도움을 줄 수 있다.

05 condition

u.s. [kəndíʃən]

n. 상태, 조건

conditional adj. 조건부의

Prospective employees must read and accept the **conditions** of employment before the hiring process is completed.

기출 엿보기
in good condition 상태가 좋은
working conditions 근무 조건

06 primary

u.s. [práimèri/-məri]
u.k. [práiməri]

adj. 가장 중요한, 주된

prime adj. 중요한, 기본적인
primarily adv. 주로, 우선

This new online training module's **primary** aim is to improve your proficiency in oral German.

기출 엿보기
primary contractor 주거래 업체
a primary financial concern 재정상의 주요 관심사

07 subjective

u.s. [səbdʒéktiv/sʌb-]

adj. 주관적인

subject adj. ~의 영향을 받기 쉬운
n. 주제, 과목, 실험 대상

When hiring people from within the organization, it is important to use less **subjective** criteria.

기출 엿보기
be subject to + 명사 ~을 받기 쉬운. ~에 당하기 쉬운
subjective assessment[criteria] 주관적인 평가[기준]

08 consolidate

u.s. [kənsálədèit]
u.k. [kənsɔ́lədèit]

v. 합병하다, 통합하다

consolidation n. 강화, 통합

Mr. Stewart is hoping to **consolidate** all his business loans to help simplify his financial situation.

기출 엿보기
be consolidated into ~로 통합되다
consolidate the position as market leader
시장 선두자로서의 입지를 굳히다

---

05 예비 직원들은 고용 절차가 완료되기 전에 고용 조건을 읽고 수용해야 한다.
06 이 새로운 온라인 교육 모듈의 가장 중요한 목적은 독일어로 말하기 실력을 향상시키는 것이다.
07 조직 내에서 사람을 고용할 때에는 덜 주관적인 기준을 사용하는 것이 중요하다.
08 Stewart 씨는 재무 상황을 단순화하기 위해 모든 사업 융자를 통합하고 싶어 한다.

09 executive
u.s. [igzékjutiv]

n. 임원, 이사
adj. 행정적인, 관리의

execute v. 실행하다, 집행하다
execution n. 실행, 집행

Daniel Nicholas was recently hired as a junior **executive** at GHT Mortgage Brokers.

 executive meeting 임원 회의
executive authority 행정 권한

10 steady
u.s. [stédi]

adj. 꾸준한, 안정된

steadily adv. 꾸준히, 점차

Despite a new ad campaign, there has been a **steady** decrease in the number of visitors entering the country.

 establish steady customer base 꾸준한 고객층을 형성하다
potential for steady growth 꾸준한 성장을 위한 잠재력

11 dispose
u.s. [dispóuz]

v. 처분하다, 처리하다

disposal n. 폐기, 처분
disposable adj. 일회용의

You must **dispose** of all cardboard and paper products into the recycling bin near the door.

 dispose of ~을 처분하다
dispose of confidential documents 기밀 문서를 폐기하다
disposable contact lens 1회용 콘텍트 렌즈

12 flyer
u.s. [fláiər]

n. 광고지, 전단

The Oasis Lounge has ordered 10,000 **flyers** for an upcoming event they are planning.

 product flyers 제품 광고지

13 defective
u.s. [diféktiv]

adj. 결함이 있는, 불완전한

defect n. 결함, 결점
defectively adv. 불완전하게

Under the two year manufacturer's warranty, any **defective** parts will be replaced free of charge.

 return a defective product 결함 있는 상품을 반품하다

---

09 Daniel Nicholas 씨는 최근 GHT Mortgage Brokers 사의 간부로 고용되었다.
10 새로운 홍보 활동에도 불구하고 그 나라에 들어오는 방문객 수는 꾸준히 줄고 있다.
11 보드지와 종이 제품은 문 옆의 재활용 쓰레기통에 버려야 합니다.
12 Oasis Lounge는 그들이 계획하고 있는 다가오는 행사를 위해 만 부의 전단을 주문했다.
13 2년간의 제조업체 보증으로 결함 있는 부품은 모두 무료로 교환됩니다.

14 **forbid**

u.s. [fərbíd]

u.k. [fəbíd]

v. 금지하다, 방해하다

Federal copyright laws strictly **forbid** the reproduction, distribution, or sale of any copyrighted material.

 forbid A to + 동사원형
= forbid A from + (동)명사 A가 ~하는 것을 금하다

---

15 **province**

u.s. [právins/próv-]

u.k. [próvins]

n. 지방, 지역, 주

provincial adj. 지역의

Opponents of the recently announced harmonized sales tax in the **province** of Ontario will demonstrate next month.

---

16 **intensive**

u.s. [inténsiv]

adj. 집중적인, 철저한

intensify v. 세게 하다
intensity n. 세기, 격렬
intension n. 세기, 강화
intense adj. 격렬한

In some areas, modern **intensive** farming is giving way to the re-introduction of traditional methods.

 conduct intensive survey 집중 조사를 실시하다
an intensive training course 집중 훈련 코스

---

17 **influence**

u.s. [ínfluəns]

v. 영향을 주다
n. 영향(력)

influential adj. 영향력이 있는

The government's proposed tax cut may **influence** people's decision in the next election.

기출 영보기 influence on [over] ~에 대한 영향, 효과
have an influence on ~에 영향을 끼치다
be strongly influenced 크게 영향을 받은

---

14 연방 저작권법은 저작권이 있는 모든 제품의 복제, 배포 또는 판매를 엄격하게 금지한다.
15 최근 발표된 온타리오 지역의 통합 판매세에 반대하는 사람들이 다음 달 시위를 할 것이다.
16 어떤 지역에서는 현대적 집약 농업이 재도입된 전통적 방식에 자리를 내주고 있다.
17 정부가 제안한 세금 삭감이 다음 선거에서 사람들의 결정에 영향을 줄지도 모른다.

Day 14

18 intersection
u.s. [ìntərsékʃən]

n. 교차로

The **intersection** of the lines on the graph marks the point where we start to make a profit.

 at an intersection 교차로에서
cross the intersection 교차로를 건너다

19 superficial
u.s. [sùːpərfíʃəl]

adj. 피상적인, 표면적인

superficially adv. 피상적으로

The analysis of the issues we face in last Saturday's newspaper was **superficial** to say the least.

 a superficial wound 외상

20 lengthen
u.s. [léŋkθən]

v. 연장하다, 길어지다

length n. 길이
lengthy adj. 긴, 장황한

There is a plan to **lengthen** the computer-based training module to three months from the current two.

lengthen the runway 활주로를 연장하다

21 legislation
u.s. [lèdʒisléiʃən]

n. 법률, 법규

legislate v. 법률을 제정하다
legislator n. 입법자
legislative adj. 입법상의

This **legislation** is specifically designed to stimulate the faltering automobile sector.

22 tremendous
u.s. [triméndəs]

adj. 엄청난, 굉장한

This new technology will put **tremendous** power in the hands of minority communities in depressed coastal regions.

 tremendous amounts 상당량
unexpected tremendous growth 예상치 못한 엄청난 성장

---

18 그래프에서 선이 교차하는 지점은 우리가 수익을 내기 시작하는 시점을 나타낸다.
19 지난 토요일 신문에 난 우리가 직면한 문제에 대한 분석은 아무래도 피상적이었다.
20 컴퓨터를 기초로 한 훈련 단위를 현재 2개월에서 3개월로 연장할 계획이 있다.
21 이 법안은 특히 흔들리는 자동차 부문을 자극하도록 고안되었다.
22 이 새로운 기술은 낙후된 해안 지역의 소수 지역사회에 엄청난 힘을 실어줄 것이다.

23 post

u.s. [poust]

v. 게시하다, 부치다
n. 지위, 직

The shipping department **posted** the parcel over a week ago; it should have reached you by now.

post deposit to an account 계정에 입금액을 기록하다
post a notice concerning ~관련 공지를 게시하다
manager's post 매니저 직

24 objective

u.s. [əbdʒéktiv]

n. 목적, 목표
adj. 객관적인

object v. 반대하다 n. 물건
objectivity n. 객관성
objection n. 반대

Our main **objective** this year is to improve the retail department's overseas productivity, particularly in Africa.

achieve [meet] an objective 목표를 달성하다
the main [primary, principal] objective 주요 목표

25 resolve

u.s. [rizálv]
u.k. [rizɔ́lv]

v. 해결하다, 풀다

resolution n. 해결, 결심, 결정
resolute adj. 단호한

The board is in favor of trying to **resolve** the conflict with the union before the strike deadline.

resolve the matter efficiently 문제를 효율적으로 해결하다
be resolved to one's satisfaction 만족스럽게 해결되다

26 patron

u.s. [péitrən]

n. 단골, 후원자, 보호자

patronize v. 단골로 삼다, 거래하다
patronage n. 단골 거래, 후원

Patrons will kindly note that this shop will be closed on October 1-3 for renovations.

draw patrons 고객을 끌다

---

23 운송부가 일주일 전에 소포를 보냈으니 지금쯤 귀하께 도착했어야 합니다.
24 올해 우리의 주요 목표는 소매부가 해외, 특히 아프리카에서 생산성을 향상시키는 것이다.
25 이사회는 파업 최종 시한 전에 노조와 갈등을 해결하려고 노력하는 데 찬성한다.
26 단골 고객들께서는 저희 상점이 수리로 10월 1일부터 3일까지 문을 닫는 점을 유념해 주십시오.

27 submit

[səbmít]

v. 제출하다

submission n. 제출(물)

Interested applicants should **submit** a resume and cover letter to the HR department by October 15.

 submit A to B A를 B에게 제출하다
be submitted to ~에게 제출되다

28 residence

[rézidəns]

n. 주거, 거주

reside v. 거주하다
resident n. 거주자
residential adj. 주거의, 거주에 관한

The city council is voting on a plan to turn the Ambassador Hotel into an international students' **residence**.

 in residence 주재하는
the official residence of the ambassador 대사의 관저

29 explain

[ikspléin]

v. 설명하다

explanation n. 설명, 해석
explanatory adj. 설명적인

The CEO will **explain** the reason for the company's budget cutbacks during tomorrow's conference call.

 explain A to B B에게 A를 설명하다

30 statistics

[stətístiks]

n. (pl.) 통계, 통계학, 통계치

statistician n. 통계 전문가, 통계학자
statistical adj. 통계의

According to official **statistics**, Koreans work longer hours than workers in most other industrialized countries.

 include descriptive statistics
잘 설명된 통계 자료를 포함하다

---

27 관심 있는 지원자들은 이력서와 커버 레터를 10월 15일까지 인사부에 제출하십시오.
28 시의회는 Ambassador 호텔을 유학생 기숙사로 바꾸는 계획에 대해 투표하고 있다.
29 최고 경영자는 내일 전화 회의에서 회사의 예산 삭감 이유에 대해 설명할 것이다.
30 공식 통계에 따르면 한국인들은 대부분의 다른 산업 국가 근로자들에 비해 더 오래 일한다.

🎧 Listen and fill in the blanks with the correct words. ◎ MP3

01 The president's televised address disclosing details of the planned health care reform bill was _____ criticized.

02 Prospective employees must read and accept the _____ of employment before the hiring process is completed.

03 Mr. Stewart is hoping to _____ all his business loans to help simplify his financial situation.

04 Despite a new ad campaign, there has been a _____ decrease in the number of visitors entering the country.

05 Under the two year manufacturer's warranty, any _____ parts will be replaced free of charge.

06 The government's proposed tax cut may _____ people's decision in the next election.

07 The analysis of the issues we face in last Saturday's newspaper was _____ to say the least.

08 There is a plan to _____ the computer-based training module to three months from the current two.

09 Our main _____ this year is to improve the retail department's overseas productivity, particularly in Africa.

10 Interested applicants should _____ a resume and cover letter to the HR department by October 15.

---

01 계획된 의료 제도 개혁안의 세부 내용을 밝히는 대통령의 텔레비전 연설은 즉시 비판받았다. 02 예비 직원들은 고용 절차가 완료되기 전에 고용 조건을 읽고 수용해야 한다. 03 Stewart 씨는 재무 상황을 단순화하기 위해 모든 사업 융자를 통합하고 싶어 한다. 04 새로운 홍보 활동에도 불구하고 그 나라에 들어오는 방문객 수는 꾸준히 줄고 있다. 05 2년간의 제조업체 보증으로 결함 있는 부품은 모두 무료로 교환됩니다. 06 정부가 제안한 세금 삭감이 다음 선거에서 사람들의 결정에 영향을 줄지도 모른다. 07 지난 토요일 신문에 난 우리가 직면한 문제에 대한 분석은 아무래도 피상적이었다. 08 컴퓨터를 기초로 한 훈련 단위를 현재 2개월에서 3개월로 연장할 계획이 있다. 09 올해 우리의 주요 목표는 소매부가 해외, 특히 아프리카에서 생산성을 향상시키는 것이다. 10 관심 있는 지원자들은 이력서와 커버 레터를 10월 15일까지 인사부에 제출하십시오.

01 attorney

u.s. [ətə́:rni]

n. 변호사

The crown **attorney** assigned to defend G&R Industries in their lawsuit has very little experience.

 defense attorney 피고측 변호인

02 liable

u.s. [láiəbl]

adj. 책임져야 할, ~하기 쉬운

liability n. 책임, (pl.) 채무

If Alexis Corp. loses the case against its supplier, it will be **liable** for the costs of the whole trial.

 be liable for + (동)명사 ~에 대한 책임이 있다
be liable to + 동사원형 ~하기 쉽다

03 radically

u.s. [rǽdikəli]

adv. 근본적으로, 급격히

radical adj. 근본적인, 급격한

Many economists have recommended **radically** changing the world's banking system in light of the recession.

04 avoid

u.s. [əvɔ́id]

v. 피하다

avoidance n. 기피, 무효

To **avoid** any discrepancies in inventory, the warehouse manager performs a daily inventory count.

 avoid prolonged exposure to ~에 대한 장시간 노출을 피하다
avoid a suit 소송을 피하다

---

01 소송에서 G&R 산업의 변론를 맡은 주 정부 검찰관은 경험이 거의 없다.
02 Alexis 사가 공급업체를 상대로 한 소송에서 지면 자칫 전체 재판 비용을 부담해야 할지도 모른다.
03 많은 경제학자들은 경기 침체를 고려하여 세계 은행 시스템을 근본적으로 변화할 것을 권고했다.
04 재고가 안 맞는 경우가 없도록 하기 위해 창고 관리자는 매일 재고 조사를 실시한다.

05 congestion

[U.S.] [kəndʒéstʃən]

n. (교통의) 혼잡, 정체

congest v. 혼잡하게 하다
congested adj. 혼잡한, 정체된

The Ministry of Transportation has authorized the construction of carpool lanes to help ease traffic **congestion**.

 cause traffic congestion 교통 혼잡을 야기하다
alleviate congestion caused by flight delay
비행 지연으로 인한 혼잡을 줄이다

06 prospective

[U.S.] [prəspéktiv]

adj. 예상된, 잠재적인

prospect n. 전망, 예상

This property has attracted three sets of **prospective** buyers looking for a deal in this fast-growing community.

 prospective employees 입사 지원자들

07 undoubtedly

[U.S.] [ʌndáutidli]

adv. 의심할 여지없이, 틀림없이

undoubted adj. 의심할 여지없는

While Halladay is **undoubtedly** one of baseball's best pitchers, he looked shaky in his last start.

 undoubtedly the most qualified for
의심할 여지없이 ~에 가장 적합한

08 convey

[U.S.] [kənvéi]

v. (용건을) 전달하다

conveyor n. 운반인, 전달자

I would like to **convey** my deepest apologies for being unable to attend the conference.

 convey A to B A를 B에게 전달하다
convey a message 메시지를 전달하다

09 extract

[U.S.] [ikstrǽkt]

n. 발췌
v. 추출하다, 발췌하다

extraction n. 추출, 발췌

This experiment is designed to monitor how the chemical formula changes when we **extract** specific elements.

 be extracted from ~로부터 추출되다, 채취되다

---

05 교통부는 교통 혼잡을 완화하는 데 도움을 줄 카풀 차선 건설을 승인했다.
06 이러한 특징은 빠르게 성장하는 지역 사회에서 거래를 찾고 있는 세 집단의 잠재 구매자들의 흥미를 끌었다.
07 Halladay는 의심의 여지없이 가장 뛰어난 투수 중 한 명이지만 지난번 선발에서는 안색이 좋지 않았다.
08 회의에 참석하지 못하는 것에 깊은 사과를 전합니다.
09 이 실험은 우리가 특정 요소를 추출하면 화학 공식이 어떻게 변하는지를 알아보기 위한 것이다.

10 final

[U.S.] [fáinəl]

adj. 마지막의, 결정적인

finally adv. 마침내, 결국

The human resources manager will make the **final** decision regarding who will be hired.

 make a final call 최종 판정을 내리다
on the final phase of ~의 최종 단계에서

11 disrupt

[U.S.] [disrʌ́pt]

v. 방해하다, 혼란시키다

disruption n. 방해, 혼란, 중단
disruptive adj. 방해하는

Environmental activists will protest the construction of the dam because it could **disrupt** the local ecosystem.

 without disrupting the flow of money
자금의 흐름을 막지 않고서
disruption of ~의 중단, 혼란

12 formula

[U.S.] [fɔ́:rmjulə]

n. 방법, 법칙, 공식

formulate
v. 공식화하다

My book can teach you how to create a successful business **formula** and attract investors.

 mathematical formula 수학 공식

13 exempt

[U.S.] [igzémpt]

adj. 면제된, ~이 없는
v. 면제하다

exemption n. 면제

Money deposited into this new savings account will be **exempt** from any form of taxation.

 exempt from ~이 없는
tax-exempt organization 면세 단체

---

10 인사 부장이 누구를 고용할지 최종 결정을 할 것이다.
11 환경 운동가들은 댐 건설이 지역 생태계를 파괴할 수 있기 때문에 반대 시위를 할 것이다.
12 제 책은 여러분이 성공적인 사업 방법을 마련하고 투자자를 끌어모으는 방법을 가르쳐 줍니다.
13 이 새로운 예금 계좌에 입금된 돈은 어떠한 형태의 과세 대상에서도 면제될 것이다.

14 install

u.s. [instɔ́:l]

v. 설치하다

installation n. 설치, 장비
installment n. 할부

Our service technicians will arrive on Wednesday to **install** the new software on your computer system.

be installed in place of ~을 대신하여 설치되다
install equipment[software] 장치[소프트웨어]를 설치하다
the newly installed operating system
새롭게 설치된 운영 시스템

15 provision

u.s. [prəvíʒən]

n. 조항, 규정, 준비, 설비

provide v. 마련하다, 제공하다

Despite improved labor laws, very few companies make adequate childcare **provisions** for working mothers.

make provision for sanitary services
위생 서비스를 준비하다
make provision for A A에게 필요한 것을 제공하다

16 insufficient

u.s. [ìnsəfíʃənt]

adj. 부족한, 부적합한

Regrettably, there is **insufficient** money to fund any new major building projects this quarter.

insufficient for[in] ~에 불충분한[~이 불충분한]
insufficient nutrition 영양 실조

17 prohibit

u.s. [prouhíbit]

v. 금지하다, 방해하다

prohibition n. 금지
prohibited adj. 금지된
prohibitive adj. 금지하는

This law is designed to curb disorderly conduct in public; consumption of alcohol in public places is now strictly **prohibited**.

prohibit A from + 동(명사) A가 ~하는 것을 금하다, 막다
prohibit unauthorized entrance 무단 침입을 금지하다

14 우리 서비스 기술자들이 귀하의 컴퓨터 시스템에 새로운 소프트웨어를 설치하기 위해 수요일에 도착할 것입니다.
15 개선된 노동법에도 불구하고 일하는 엄마들을 위해 적정한 보육 서비스를 제공해주는 회사는 거의 없다.
16 유감스럽게도, 이번 분기에 어떠한 새로운 주요 건설 프로젝트에도 자금을 제공할 돈이 부족하다.
17 이 법은 공공 장소에서의 무질서한 행위를 억제하기 위해 만들어졌다. 따라서 공공 장소에서의 음주는 이제 엄격하게 금지된다.

18 lease
[li:s] ᴜ.s.

n. 임대(차) 계약
v. 임대하다, 임차하다

Our current **lease** will expire in six months time, after which we will need to find a new facility.

 기출 엿보기
for lease 임대용으로
lease a used car 중고차를 임대하다

19 transparent
[trænspέərənt] ᴜ.s.

adj. 투명한, 명쾌한

transparency n. 투명(성)

Scientists have created **transparent** transistors that will usher in a new era of flexible displays.

 기출 엿보기
in a transparent and accountable way
투명하고 믿을 수 있는 방법으로

20 purify
[pjúərəfài] ᴜ.s.

v. 정화시키다

purification n. 정화

One of the functions of this revolutionary water treatment system is to **purify** water for drinking.

 기출 엿보기
air purifying system 공기 정화 장치

21 mortgage
[mɔ́:rgidʒ] ᴜ.s.

n. 주택 융자

More and more U.S. citizens are defaulting on their **mortgage** repayments, a situation that is leaving many homeless.

 기출 엿보기
apply for a mortgage loan 부동산 담보 대출을 신청하다
an increase[decline] in mortgage rates
주택 담보 대출 금리의 인상[하락]

22 unexpectedly
[ʌ̀nikspéktidli] ᴜ.s.

adv. 예상치 못하게

unexpected adj. 갑작스러운

U. S. jobless claims plunged sharply and **unexpectedly** last month, causing a widespread sell off of stocks.

 기출 엿보기
unexpectedly poor sales 예상치 못하게 저조한 매출

---

18 현재 우리 임대차 계약은 6개월 후 만료되는데 이후 우리는 새로운 시설을 찾아야 할 것이다.
19 과학자들은 유연성 디스플레이의 새로운 시대를 예고할 투명한 트랜지스터를 개발하였다.
20 이 혁신적인 정수 처리 시스템의 기능 중 하나는 마실 물을 정화시키는 것이다.
21 점점 더 많은 미국 시민들이 주택 융자 상환을 이행하지 못해서 많은 사람들이 무주택자가 되는 상황이다.
22 미국의 실업 수당 신청 건수가 지난 달 예기치 않게 급락했고 이는 광범위한 주식 매각을 야기했다.

23 **streamline**

u.s. [strí:mlàin]

v. 간소화하다

Streamlining your production process could save you as much as 10 percent in costs annually.

 기출
엿보기 🔍 streamline the reporting procedures
보고 절차를 간소화하다

24 **occupation**

u.s. [àkjupéiʃən/ɔ̀-]

u.k. [à:kjupeiʃən]

n. 직업, 점유

occupant n. 거주자

occupational adj. 직업상의

Workopolis recruits professionals from a wide range of **occupations**, and we are proud of our high placement rate.

 기출
엿보기 🔍 change one's occupation ~의 직업을 바꾸다
by occupation 직업별로

25 **summarize**

u.s. [sʌ́məràiz]

v. 요약하다, 개괄하다

summary n. 요약

For those who cannot attend the meeting, Jason will **summarize** the main points and then e-mail you.

기출
엿보기 🔍 summarize for ~에게 요약해 주다
summarize the current state of research
연구 현황을 요약하다

26 **payroll**

u.s. [péiròul]

n. 급료 명부, 임금 대장

SunSys Software has grown quickly, adding another 100 employees to its **payroll** over the last year.

 기출
엿보기 🔍 on the payroll 고용되어
payroll dates 급여 지급일

23 생산 과정을 간소화하면 연간 10%의 비용을 절감할 수 있을 것이다.
24 Workopolis는 다양한 직업군에서 전문가를 스카우트하며 높은 취직률을 자랑합니다.
25 회의에 참석하지 못하는 사람들을 위해 Jason이 요점을 요약해서 이메일로 보내줄 것입니다.
26 SunSys 소프트웨어는 작년에 임금 대장에 백 명의 직원을 추가하며 빠르게 성장했다.

Day 15

27 unfold
[U.S.] [ʌnfóuld]

v. 펴다, 밝히다, 열리다

Local residents remained glued to their televisions, hoping for the mining accident to **unfold** quickly.

28 resignation
[U.S.] [rèzignéiʃən]

n. 사직(서)

resign v. 사임하다, 사직하다

The newspaper article critically discusses former president Anderson's illness and subsequent **resignation** from government.

 give in[tender] one's resignation 사직서를 제출하다
meet one's fate with resignation 운명을 감수하다

29 fatigue
[U.S.] [fətíːg]

n. 피로

The vice president of operations took three days off from work because he was suffering from **fatigue**.

 fatigue in the workplace 직장 내에서 느끼는 피로

30 surplus
[U.S.] [sə́ːrplʌs/-pləs]

n. 나머지, 잉여, 흑자

Surplus energy created by the braking system can be redirected to the battery charger.

 nearly 30 percent of budget surpluses 거의 30%에 달하는 예산 흑자

---

27 지역 주민들은 광산 사고가 빨리 밝혀지기를 바라며 텔레비전 앞에 꼼짝 않고 앉아 있었다.
28 신문 기사는 Anderson 전 총재의 병환과 그에 따른 사임에 대해 비판적으로 논한다.
29 영업 담당 부사장은 피로에 시달리고 있었기 때문에 3일 휴가를 냈다.
30 브레이크 시스템에서 창출된 잉여 에너지는 충전지로 전환될 수 있다.

Check-up ◀

🎧 Listen and fill in the blanks with the correct words. 🔊MP3

01 If Alexis Corp. loses the case against its supplier, it will be _____ for the costs of the whole trial.

02 The Ministry of Transportation has authorized the construction of carpool lanes to help ease traffic _____.

03 This property has attracted three sets of _____ buyers looking for a deal in this fast-growing community.

04 Money deposited into this new savings account will be _____ from any form of taxation.

05 Our service technicians will arrive on Wednesday to _____ the new software on your computer system.

06 Regrettably, there is _____ money to fund any new major building projects this quarter.

07 _____ your production process could save you as much as 10 percent in costs annually.

08 Workopolis recruits professionals from a wide range of _____, and we are proud of our high placement rate.

09 The newspaper article critically discusses former president Anderson's illness and subsequent _____ from government.

10 _____ energy created by the braking system can be redirected to the battery charger.

---

01 Alexis 사가 공급업체를 상대로 한 소송에서 지면 자칫 전체 재판 비용을 부담해야 할지도 모른다. 02 교통부는 교통 혼잡을 완화하는 데 도움을 줄 카풀 차선 건설을 승인했다. 03 이러한 특징은 빠르게 성장하는 지역 사회에서 거래를 찾고 있는 세 집단의 잠재 구매자들의 흥미를 끌었다. 04 이 새로운 예금 계좌에 입금된 돈은 어떠한 형태의 과세 대상에서도 면제될 것이다. 05 우리 서비스 기술자들이 귀하의 컴퓨터 시스템에 새로운 소프트웨어를 설치하기 위해 수요일에 도착할 것입니다. 06 유감스럽게도, 이번 분기에 어떠한 새로운 주요 건설 프로젝트에도 자금을 제공할 돈이 부족하다. 07 생산 과정을 간소화하면 연간 10%의 비용을 절감할 수 있을 것이다. 08 Workopolis는 다양한 직업군에서 전문가를 스카우트하며 높은 취직률을 자랑합니다. 09 신문 기사는 Anderson 전 총재의 병환과 그에 따른 사임에 대해 비판적으로 논한다. 10 브레이크 시스템으로 창출된 잉여 에너지는 충전지로 전환될 수 있다.

Review Test

Choose the best answer and complete the sentence.

01 A European committee has backed a proposal for a _____ ban on the import of elephant products.

(A) partial   (B) portable   (C) potential   (D) primary

02 A television ad featuring a city councilor has led to _____ debate on the role politicians can play outside city hall.

(A) attracted   (B) disposed   (C) renewed   (D) reserved

03 U.S. banks are chopping their _____ rates across the board by up to a third of a percentage point.

(A) migration   (B) mortgage   (C) neutrality   (D) nomination

04 Enerwise Inc. _____ transformed its business by turning waste and industrial garbage into new products.

(A) substantially   (B) superficially   (C) transparently   (D) radically

05 The U.S. Olympic Committee is looking into reports that pets will be _____ inside the Olympic Village.

(A) prohibited   (B) progressed   (C) exhausted   (D) explained

06 The government is calling on health-care workers to share their _____ and help train young medics.

(A) extinction   (B) deficit   (C) disruption   (D) expertise

07 To clear copyright with _____ copyright owners, please refer to relevant website or publisher information.

(A) informative   (B) respective   (C) instructive   (D) prospective

08 _____ of the ousted prime minister threatened a mass rally against him as he arrived in Cambodia today.

(A) Opponents   (B) Occupants   (C) Executives   (D) Participants

01 유럽 위원회는 코끼리 제품 수입을 부분적으로 금지하는 제안을 지지했다. 02 시의회 의원이 등장하는 텔레비전 광고는 정치인들이 관청 밖에서 할 수 있는 역할에 대한 논쟁을 다시 부활시켰다. 03 미국 은행들은 전면적으로 주택 담보 대출 금리를 최고 33%까지 삭감했다. 04 Enerwise 사는 쓰레기와 산업 폐기물을 새 상품으로 변화시킴으로써 사업을 근본적으로 변화시켰다. 05 미국 올림픽 위원회는 올림픽 선수촌 내에 애완 동물을 금지할 것이라는 보고를 조사하고 있다. 06 정부는 병원 직원들에게 그들의 전문 지식을 공유하고 젊은 인턴들을 훈련시키는 것을 도와달라고 요청하고 있다. 07 각 저작권자들의 저작권을 명백히 하기 위해서는 관련된 웹사이트나 출판물 정보를 참고하세요. 08 축출된 총리의 반대자들은 그가 오늘 캄보디아에 도착했을 때 반대하는 대규모 집회로 그를 위협했다.

09 England will _____ immigration requests of UK relatives in tsunami-stricken areas of Asia, Immigration Minister Judy Lesto said.

(A) expand   (B) expedite   (C) extract   (D) execute

10 Newhouse Publishing is offering a _____ reward for information about a stolen manuscript from their New York headquarters.

(A) subordinate   (B) stimulating   (C) subjective   (D) substantial

11 An OECD report says that traffic _____ is costing Tokyo $4.3 billion US per year.

(A) congestion   (B) condition   (C) concern   (D) complaint

12 The city of Montreal has found that all 73 of its public outdoor swimming pools _____ to provincial safety standards.

(A) consolidate   (B) convey   (C) conform   (D) conflict

13 U.S. senators reported _____ on a $700-billion bailout to alleviate the crisis in the country's financial sector.

(A) protest   (B) progress   (C) purify   (D) provide

14 The _____ increase in the price of oil will mean a steady decline in Iraq's projected deficit.

(A) struggling   (B) strict   (C) stimulating   (D) steady

15 The original telephone networks were built when the companies were government-sanctioned _____.

(A) provinces   (B) influences   (C) proportions   (D) monopolies

16 The department heads _____ their differences and made an effort to get along for the sake of the project.

(A) remarked   (B) replaced   (C) resolved   (D) reserved

---

09 영국은 쓰나미 피해를 입은 아시아 지역에서 영국 일가의 이민 요청을 신속히 처리할 것이라고 이민성 장관인 Judy Lesto는 말했다. 10 Newhouse 출판은 뉴욕 본사에서 도난당한 원고에 대한 정보를 제공하면 상당한 보상을 하겠다고 제안하고 있다. 11 OECD 보고에 의하면 교통 체증으로 도쿄에서는 연간 미화 43억 달러를 지출한다고 한다. 12 몬트리올 시는 공공 실외 수영장 73곳 모두가 지역 안전 규정에 부합한다고 밝혔다. 13 미국 상원의원들은 국가 재정 부문의 위기를 완화하기 위해 7천억 달러의 긴급 융자를 진행하고 있다고 보고했다. 14 석유 가격의 꾸준한 증가는 이라크 예상 적자의 꾸준한 감소를 의미할 것이다. 15 기업들이 정부의 허가를 받은 독점 기업이었을 때 초기 전화 통신망이 만들어졌다. 16 부서장들은 그들의 차이점을 해결하고 프로젝트를 위해 의기투합했다.

토익 보카 공부하는 방법

토익
800⁺
필수보카

Week1

Week2

Week3

Week4

Day 16

MP3

01 audience
u.s. [ɔ́:diəns]

n. 청중, 관중

At the end of Garry's speech, the **audience** gave him a standing ovation.

 lose audience 관객이 줄어들다

---

02 contrary
u.s. [kɑ́ntreri]
u.k. [kɔ́ntreri]

adv. 반대로
adj. 반대의

Contrary to rumors, the ownership group behind KMALL Industries is not interested in selling the company.

 to the contrary 그와 반대의
on the contrary 반대로
contrary to popular belief 일반적인 믿음과는 달리

---

03 loan
u.s. [loun]

n. 대부, 대출금
v. 대출해 주다, 빌려주다

The bank has agreed to **loan** us $50,000 to start our own small business.

 take[get] out a loan 대출 받다
apply for a loan 대출을 신청하다

---

04 customize
u.s. [kʌ́stəmàiz]

v. 맞춤화하다

customer n. 소비자

Our website allows you to design and **customize** your shoes before you place your order.

 customize A to B A를 B에 맞추다
a customized product 맞춤 제작된 물건

---

01 Garry의 연설이 끝나자 청중은 그에게 기립 박수를 보냈다.
02 소문과는 반대로 KMALL 산업의 소유권 그룹은 회사 매각에 관심이 없다.
03 그 은행은 우리가 소규모 사업을 시작하도록 5만 달러를 대출해 주는 것에 동의했다.
04 우리 웹사이트는 고객이 주문을 하기 전에 자신의 신발을 디자인하고 맞춤 제작할 수 있게 해준다.

05 consent
u.s. [kənsént]

n. 동의, 허락
v. 동의하다, 찬성하다

consensus n. 일치, 합의

Employees are not allowed to use company vehicles for personal reasons without prior **consent**.

 consent of ~의 동의
written consent of both parties 양측의 서면 동의
without the owner's explicit consent
소유자의 확실한 동의 없이

06 revised
u.s. [riváizd]

adj. 개정된, 변경된

revise v. 개정하다, 수정하다

Please find the **revised** sales figures in the attached document; they are current for this quarter.

 revised edition 개정판
revised draft 개정 초안
recently revised procedures 최근 개정된 절차

07 simultaneously
u.s. [sàiməltéiniəsli]
u.k. [sìməltéiniəsli]

adv. 동시에

simultaneous adj. 동시의

The latest smart phones on the market have capacitive touch screens that can sense multiple touch points **simultaneously**.

 simultaneously exciting and demanding
재미있는 동시에 노력을 요하는

08 gauge
u.s. [geidʒ]

v. 측정하다

Online surveys are an important tool that companies use to **gauge** customer satisfaction.

 gauge the reaction of the consumers
소비자 반응을 평가하다

09 custody
u.s. [kʌ́stədi]

n. 감금, 구류

The three men were taken into protective **custody** after they were formally charged with the murder.

 take A into custody A를 구금하다, 구속하다

---

05 직원들은 사전 허락 없이 개인적인 이유로 회사 차를 사용해서는 안 된다.
06 첨부된 문서에서 변경된 판매 수치를 봐 주세요. 그것이 이번 분기 해당 수치입니다.
07 시장에 나온 최신 스마트폰은 여러 개의 터치 포인트를 동시에 감지할 수 있는 용량성 터치 스크린을 가지고 있다.
08 온라인 조사는 회사가 고객 만족도를 평가하는 데 사용하는 중요한 수단이다.
09 공식적으로 살인 혐의를 받은 후에 그 세 남자는 보호 구금에 처해졌다.

10 sluggish

[U.S.] [slʌ́giʃ]

adj. 기운 없는, 부진한

I'm sorry, but there is something wrong with this rental car—the engine feels a bit **sluggish**.

 remain sluggish 침체에 빠져 있다
sluggish economy 취약한 경제

11 plunge

[U.S.] [plʌndʒ]

v. 뛰어들다, 던져넣다

Millions of people **plunged** into the mutual fund market in the early 90's believing it a safe investment.

 plunge into ~에 뛰어들다

12 debate

[U.S.] [dibéit]

n. 토론, 논쟁
v. 토론하다, 논쟁하다

Informed **debates** on company strategy can be an effective means of making decisions.

 much debate 많은 논쟁
debate on [about, over] ~에 대한 논쟁

13 unanimous

[U.S.] [juːnǽnəməs]

adj. 만장일치의, 동의하는

unanimously adv. 만장일치로

By **unanimous** agreement, the $5-billion project was allowed to proceed after a year of delays.

 express one's unanimous support
만장일치의 지지를 나타내다
a unanimous decision 만장일치의 결정

---

10 죄송합니다만 제가 빌린 차가 문제가 있어요. 엔진이 약간 힘이 없어요.
11 수백만의 사람들이 90년대 초반 안전한 투자처라고 믿으며 뮤추얼 펀드 시장에 뛰어들었다.
12 회사 전략에 관한 정보에 입각한 토론은 결정을 내리는 효과적인 수단이 될 수 있다.
13 1년간 지연되고 나서 만장일치로 50억 달러의 프로젝트가 계속 되어도 좋다는 허가를 받았다.

14 recognize

U.S. [rékəɡnàiz]

v. 깨닫다, 인식하다

recognition n. 인식, 인지
recognizable adj. 인식할 수 있는

Mr. Newman's extensive knowledge and understanding of foreign policy in this area is internationally **recognized**.

 recognize that절 ~을 인정하다
recognize employees' accomplishments publicly
직원들의 성과를 공개적으로 인정하다

15 grasp

U.S. [ɡrǽsp/ɡrɑ́:sp]
U.S. [ɡrɑ́:sp]

v. 이해하다, 파악하다
n. 이해력, 통제

This conference is designed to help business owners **grasp** the importance of environmentalism.

 grasp the significance of ~의 중요성을 이해하다, 파악하다

16 unoccupied

U.S. [ʌnάkjupàid]
U.K. [ʌnɔ́kjupàid]

adj. (집 등이) 비어 있는

The city plans to sell the houses, many of which have sat **unoccupied** since the fall of 2004.

 remained unoccupied 비어 있는 상태로 남아 있다

17 sacrifice

U.S. [sǽkrəfàis]

v. 희생하다, 포기하다
n. 희생

sacrificial adj. 희생의, 헌신적인

Mrs. Givens is arguably one of the world's best illustrators, but she has **sacrificed** everything for it.

 sacrifice A for B A를 B 때문에 희생하다

---

14 이 지역에서 외교 정책에 대한 Newman 씨의 광범위한 지식과 이해는 국제적으로 인정을 받는다.
15 이번 회의는 사업가들이 환경 보호주의의 중요성을 이해하는 데 도움을 주기 위해 마련되었습니다.
16 그 도시는 주택을 팔 계획인데 그중 다수는 2004년 가을부터 비어 있었다.
17 Givens 씨는 틀림없이 세계 최고의 삽화가들 중 하나라고 말할 수 있지만 그녀는 그것을 위해 모든 것을 희생했다.

18 perspective

u.s. [pəːrspéktiv]

n. 견해, 관점

It is generally accepted now that we need to approach the problem from a completely different **perspective**.

 perspective on ~에 대한 견해
in perspective 긴 안목에서

19 suspend

u.s. [səspénd]

v. (일시) 정지하다, 중단하다

suspense n. 불안, 걱정
suspension n. 미결정, 보류

Following the attacks on the World Trade Center in 2001, all commercial flights were **suspended**.

 suspend from ~에 매달려 있다, ~에서 정학시키다
have A suspended A가 (일시) 정지당하다
be temporarily suspended 일시적으로 중단되다

20 recipient

u.s. [risípiənt]

n. 수상자, 수령인

This latest cut in government spending will affect health care support **recipients** and their families.

 a recipient of ~의 수령인
the intended recipient 수령인

21 terminate

u.s. [tə́ːrmənèit]

v. 퇴사하다, 종결하다

termination n. 종료
terminal adj. 끝의, 종말의

Interns who **terminate** their work agreement before the agreed upon date will receive an academic penalty.

terminate a contract 계약을 끝내다
terminate one's employment ~가 퇴사하다

---

18 우리가 그 문제를 완전히 다른 관점에서 접근해야 한다는 의견이 현재 전반적으로 받아들여지고 있다.
19 2001년 세계 무역 센터에 대한 공격으로 모든 상업 항공기는 영업을 중단했다.
20 최근의 정부 지출 삭감은 의료 보험 지원을 받는 수령인과 그 가족들에게 영향을 끼칠 것이다.
21 합의된 날짜가 되기 전에 고용 계약을 종료하는 인턴들은 학적 처벌을 받을 것이다.

22 foundation

u.s. [faundéiʃən]

n. 창설, 기초, 토대

found v. 설립하다
founder n. 설립자
fundamental adj. 기본적인

PHC Consultants can help your company lay a solid **foundation** of trusted business practices.

 lay the foundation of ~에 기반을 두다
serve as the foundation 토대의 역할을 하다

23 uphold

u.s. [ʌphóuld]

v. (전통 · 명성을) 유지하다,
(결정 · 판결 등을) 확정하다

The court **upheld** the man's reckless driving conviction and sentenced him to 3 years behind bars.

 uphold rules 규칙을 지키다
uphold reputation 명성을 유지하다

24 evacuation

u.s. [ivæ̀kjuéiʃən]

n. 대피, 피난

evacuate v. 대피하다

Employees are asked to follow proper **evacuation** procedures when we test the building's fire alarm.

 an emergency evacuation of the building
건물에서 긴급 대피

25 construct

u.s. [kənstrʌ́kt]

v. 건설하다, 구성하다

construction n. 건설, 건축
constructive adj. 건설적인
constructively adv. 건설적으로

Grady Industries has been commissioned to help **construct** the support beams for the new bridge.

 beautifully constructed novel 구성이 멋진 소설
at the construction site 건설 현장에서
constructively criticize 건설적으로 비판하다

26 faction

u.s. [fǽkʃən]

n. 파벌, 당파

Opposing **factions** within the Liberal Party disagree about how strict the new law should be.

 members of a rival faction 야당 구성원들

---

22 PHC Consultants는 당신의 회사가 신뢰할 수 있는 사업 관행의 견고한 기초를 마련할 수 있도록 도움을 드립니다.
23 법원은 그 남자의 난폭 운전 판결을 확정하고 징역 3년 형을 선고했다.
24 건물의 화재 경보기를 점검할 때 직원들은 적절한 대피 순서를 따라 주십시오.
25 Grady 산업은 새 다리를 위한 버팀목 건설을 돕는 일을 위탁받았다.
26 자유당 내 반대 파벌들은 새로운 법이 얼마나 엄격해야 하는지 동의하지 않는다.

27 scheme
[uS] [skiːm]

n. 계획(안), 계략

Many expect that the new recycling **scheme** will provide an eco-friendly way of reducing waste.

 pension scheme 연금 제도
color scheme 색채, 배색

28 spokesperson
[uS] [spóukspəːrsn]

n. 대변인, 대표자

A **spokesperson** for the charity thanked organizers for their generous donations after accepting the ceremonial check.

29 tenant
[uS] [ténənt]

n. 세입자

Tenants are complaining that, even though rents have increased, the building has been left in disrepair.

 the last tenant 이전 임차인
to guarantee the comfort of all tenants
모든 세입자의 편안함을 보장하기 위하여

30 troubleshooting
[uS] [trʌ́blʃùːtiŋ]

n. 문제 해결

troubleshoot v. (분쟁을) 조정하다
troubleshooter n. 조정자

If you have a general, technical, or **troubleshooting** question, please read our FAQ page on our website.

 general troubleshooting 일반적인 문제 해결
consult the troubleshooting guide
문제 해결 안내서를 참조하다

---

27 많은 사람들은 새로운 재활용 계획이 쓰레기를 줄이는 환경 친화적인 방법을 제공해 줄 것이라 기대한다.
28 자선 단체 대변인은 행사 기금 수표를 받고 나서 주최자들의 아낌없는 기부에 감사를 표했다.
29 세입자들은 임대료가 올랐지만 건물은 여전히 수리를 요하는 상태라고 불평하고 있다.
30 일반적이거나 기술적인, 혹은 문제 해결과 관련된 의문점이 있다면 저희 웹사이트의 FAQ 페이지를 읽어보시기 바랍니다.

Check-up ◀

🎧 Listen and fill in the blanks with the correct words. ⓒMP3

01 _____ to rumors, the ownership group behind KMALL Industries is not interested in selling the company.

02 Our website allows you to design and _____ your shoes before you place your order.

03 The latest smart phones on the market have capacitive touch screens that can sense multiple touch points _____.

04 Millions of people _____ into the mutual fund market in the early 90's believing it a safe investment.

05 This conference is designed to help business owners _____ the importance of environmentalism.

06 It is generally accepted now that we need to approach the problem from a completely different _____.

07 This latest cut in government spending will affect health care support _____ and their families.

08 Interns who _____ their work agreement before the agreed upon date will receive an academic penalty.

09 Employees are asked to follow proper _____ procedures when we test the building's fire alarm.

10 _____ are complaining that, even though rents have increased, the building has been left in disrepair.

---

01 소문과는 반대로 KMALL 산업의 소유권 그룹은 회사 매각에 관심이 없다. 02 우리 웹사이트는 고객이 주문을 하기 전에 자신의 신발을 디자인하고 맞춤 제작할 수 있게 해준다. 03 시장에 나온 최신 스마트폰은 여러 개의 터치 포인트를 동시에 감지할 수 있는 용량성 터치 스크린을 가지고 있다. 04 수백만의 사람들이 90년대 초반 안전한 투자처라고 믿으며 뮤추얼 펀드 시장에 뛰어들었다. 05 이번 회의는 사업가들이 환경 보호주의의 중요성을 이해하는 데 도움을 주기 위해 마련되었습니다. 06 우리가 그 문제를 완전히 다른 관점에서 접근해야 한다는 의견이 현재 전반적으로 받아들여지고 있다. 07 최근의 정부 지출 삭감은 의료 보험 지원을 받는 수령인과 그 가족들에게 영향을 끼칠 것이다. 08 합의된 날짜가 되기 전에 고용 계약을 종료하는 인턴들은 학적 처벌을 받을 것이다. 09 건물의 화재 경보기를 점검할 때 직원들은 적절한 대피 순서를 따라 주십시오. 10 세입자들은 임대료가 올랐지만 건물은 여전히 수리를 요하는 상태라고 불평하고 있다.

Day 17

MP3

01 constraint

u.s. [kənstréint]

n. 제약, 제한

constrain v. 제한하다, 억제하다

Several delays have occurred recently because the development project has been hampered by resource **constraints**.

 due to time constraints 시간 제약 때문에

02 fundamental

u.s. [fʌ̀ndəméntl]

adj. 기본적인, 근본적인

fundamentally adv. 기본적으로

I felt that some **fundamental** questions about the procedure remained unanswered after yesterday's sales meeting.

 fundamental to ~에 기본이 되는, 필수적인

03 harmlessly

u.s. [háːrmlisli]

adv. 해롭지 않게

harmless adj. 해롭지 않은

Once the rocket detaches from the booster engines, they will fall **harmlessly** into the ocean.

04 distinguish

u.s. [distíŋgwiʃ]

v. 구별하다, 뛰어나다

It isn't very difficult to **distinguish** the difference in taste between Coca-Cola and Pepsi.

 distinguish A from B A를 B와 분간하다
distinguish between A and B A와 B를 구분하다

---

01 개발 프로젝트가 자원 제약의 방해로 최근 여러 번 지연되었다.
02 어제 판매 회의 후에 절차에 관한 몇몇 기본적인 문제들이 아직 해결되지 않은 채로 남아 있다고 느꼈다.
03 로켓이 보조 엔진에서 분리되면 보조 엔진은 무해하게 바다로 떨어질 것이다.
04 코카콜라와 펩시의 맛 차이를 구별하는 것은 그다지 어렵지 않다.

05 cooperation

u.s. [kouɑ̀pəréiʃən]
u.k. [kouɔ̀pəréiʃən]

n. 협력, 협동

cooperate v. ~와 협력하다, 협동하다
cooperative adj. 협력하는

The Ministry of Trade supports and encourages the recent changes, in international trade and **cooperation.**

in cooperation with ~와 합동으로
mutual trust and cooperation 상호 신뢰와 협력

06 rigid

u.s. [rídʒid]

adj. 굳은, 완고한, 엄격한

rigidity n. 엄격, 강도
rigidly adv. 완고하게, 엄격하게

Trade negotiations between Italy and Mexico stalled when the latter insisted on a **rigid** interpretation of the rules.

rigid rules 엄격한 규칙

07 solely

u.s. [sóulli]

adv. 전적으로, 혼자서

sole adj. 하나뿐인

The administration's new energy plan is focused **solely** on finding an alternative to fossil fuels.

will not rely solely on ~에 전적으로 의존하지 않을 것이다

08 generate

u.s. [dʒénərèit]

v. 창출하다, 야기하다

generation n. 동시대의 사람들, 세대

I believe that we can **generate** more revenue if we keep our stores open longer.

generate income[profits, revenue] 수익[소득]을 창출하다
generate electricity 전기를 발생시키다

09 function

u.s. [fʌ́ŋkʃən]

n. 연회, 행사, 기능
v. 작동하다

functional adj. 기능의

St. Andrews Hall is hoping to host several fundraising **functions** over the next year.

private function 비공식 연회
annual function 연례 연회
perform the essential functions 기본 업무를 수행하다
function properly 제대로 작동하다

---

05 산업자원부는 국제 무역과 협력의 최근 변화를 지원하고 장려한다.
06 이탈리아와 멕시코 사이의 무역 협상은 멕시코가 규칙의 엄격한 해석을 고집하자 지연되었다.
07 행정부의 새로운 에너지 계획은 전적으로 화석 연료의 대체제를 찾는 것에 맞춰져 있다.
08 우리가 상점을 더 장시간 연다면 더 많은 수입을 창출할 수 있다고 생각한다.
09 St. Andrews 홀은 내년에 여러 기금 모금 행사를 주최하기를 바라고 있다.

10 spectacular

u.s. [spektǽkjələr]

adj. 대규모의, 장관의

spectacle n. 광경, 구경거리

China's first Olympics started off splendidly with a **spectacular** opening ceremony that was sure to be remembered.

 show A a spectacular view of A를 ~의 절경으로 안내하다
spectacular architecture 웅장한 건축 양식

11 portray

u.s. [pɔːrtréi]

v. 그리다, 묘사하다

portrait n. 초상(화)

He was **portrayed** as a ruthless capitalist who exploited the poor to enrich himself at every opportunity.

 be portrayed as ~로 간주되다, 묘사되다

12 hazard

u.s. [hǽzərd]

n. 위험 (요소), 유해 물질

hazardous adj. 유해한

Any potential safety **hazards** in the store must be attended to in a timely manner.

 regulations on environmental hazards
환경 유해 물질에 대한 법규
cause a hazard to individuals 사람들에게 해를 입히다

13 unavailable

u.s. [ʌnəvéiləbəl]

adj. 이용할 수 없는, 구할 수 없는

Shaw Cable added a host of US television shows to its lineup that were previously **unavailable**.

 be currently unavailable 현재 사용할 수 없다

---

10 중국의 첫 올림픽은 틀림없이 기억에 남을 장관의 개막식과 함께 화려하게 시작했다.
11 그는 기회가 있을 때마다 혼자 잘 살기 위해 가난한 사람들을 착취한 냉혹한 자본가로 묘사되었다.
12 상점에서 있을 수 있는 어떠한 잠재적인 안전 위험 요소들도 적시에 주의를 기울여야 한다.
13 Shaw 케이블은 이전에는 불가능했던 미국 텔레비전 쇼의 진행자를 프로그램에 편입했다.

14 restrain

[U.S.] [ri:stréin]

v. 억제하다, 제한하다

restraint n. 제한, 억제

Uncertainties about near-term growth may **restrain** investment as commodity prices weigh on employment and income.

 restrain A from + (동)명사 A가 ~하는 것을 제한하다
restrain oneself 참다, 자제하다

15 phenomenon

[U.S.] [finámənàn/-nómənən]
[U.K.] [finóminən]

n. 현상

phenomenal adj. 자연 현상의

The online social networking **phenomenon** that swept across cyber space last year is showing no signs of waning.

natural phenomenon 자연 현상

16 unwavering

[U.S.] [ʌnwéivəriŋ]

adj. 확고한, 동요하지 않는

Former CEO Jean Pritchard became well-known in business circles for his **unwavering**, common-sense approach to problems.

demonstrate an unwavering commitment
확고한 의지를 보여주다

17 scrutinize

[U.S.] [skrú:tənàiz]

v. 세밀히 조사하다

scrutinization n. 조사

As special assistant to the CFO, you will **scrutinize** the financial news and report your findings daily.

scrutinize closely [intently, thoroughly]
면밀히[철저하게] 조사하다

---

14 단기적 성장에 대한 불확실성은 물가가 고용과 소득에 부담이 되기 때문에 투자를 억제할 수도 있다.
15 작년에 사이버 공간을 휩쓴 온라인상에서 친목을 도모하는 현상이 수그러들 조짐을 보이지 않는다.
16 전 최고 경영자인 Jean Pritchard 씨는 동요하지 않고 문제에 상식적인 접근을 하는 것으로 재계에서 잘 알려져 있다.
17 자금 관리 이사의 특별 비서로서 당신은 재무 관련 뉴스를 자세히 조사하고 결과를 매일 보고해야 합니다.

18 prediction
[U.S.] [pridíkʃən]

n. 예측, 예상

predict v. 예측하다
predictive adj. 예언하는

The figures are inaccurate because they're based on only a **prediction** of next year's sales.

 sales predictions 예상 판매액
make predictions 예측하다

19 tolerate
[U.S.] [tálərèit/tɔ́l-]

v. 참다

tolerance n. 관용, 관대
tolerant adj. 관대한

The president of the Philippines has warned that she will not **tolerate** violence on the streets of Manila.

 with narrow tolerance 오차가 거의 없는

20 reduction
[U.S.] [ridʌ́kʃən]

n. 축소, 삭감

reduce v. 줄이다, 삭감하다
reductive adj. 감소하는

Increasingly stiff competition in the bond market has led to a **reduction** in the company's profits this year.

 reduction in managerial positions 관리직의 감소
a slight reduction in the price of oil 유가의 소폭 하락

21 undertake
[U.S.] [ʌ̀ndərtéik]

v. 떠맡다, 착수하다

The government is asking an investigator from the Ministry of Health to **undertake** an independent investigation.

 undertake research 연구하다
undertake a task[responsibility for] 일을 [~이 책임을] 맡다

18 이 수치들은 내년 판매 예측만을 기초로 하고 있기 때문에 부정확하다.
19 필리핀 대통령은 마닐라 거리에서 일어나는 폭력을 참지 않겠다고 경고했다.
20 채권 시장의 경쟁이 점점 치열해져 올해 회사의 수익 감소로 이어졌다.
21 정부는 보건부에서 나온 조사관에게 독립적인 조사를 실시해 달라고 요청하고 있다.

22 fraud
u.s. [frɔːd]

n. 사기, 기만

fraudulent adj. 사기의, 부정의

Protecting clients from online **fraud** is a problem that every internet business must take seriously.

 currency fraud 통화 위조

---

23 withdraw
u.s. [wiðdrɔ́ː/wiθ-]

v. 철회하다, 인출하다

withdrawal n. 인출, 회수

In an embarrassing incident, a bank in the U.S. accidentally allowed the wrong man to **withdraw** two million dollars.

 withdraw the plan 계획을 철회하다
withdraw $500 from the savings account
계좌에서 500달러를 찾다

---

24 exception
u.s. [iksépʃən]

n. 예외, 제외

exceptional adj. 예외적인, 뛰어난
exceptionally adv. 예외적으로
except prep. ~을 제외하고

Our company will perform a police background check on any potential new employee without **exception**.

 with the exception of ~을 제외하고
make an exception of ~은 예외로 하다, 특별 취급하다

---

25 contact
u.s. [kántækt/kɔ́n-]

v. 연락을 취하다
n. 교제, 연락

If you have any further questions, please **contact** Maria Granada at (308) 223-5561 extension 341.

 make contact 연락을 취하다
establish contacts quickly 신속히 연락을 취하다
come into contact with ~와 접촉하다

---

26 manuscript
u.s. [mǽnjəskrìpt]

n. 원고, 손으로 쓴 문서
adj. 원고의, 사본의

The 400-page **manuscript** was originally rejected by Morrow Publishing, but it was picked up a year later by Werner's.

 in manuscript 원고의 형태로, 인쇄되지 않고
original manuscript 원본

---

22 온라인 사기에서 고객을 보호하는 것은 모든 인터넷 업체가 심각하게 고려해야 하는 문제이다.
23 어처구니없는 사건이 일어났는데, 미국의 한 은행이 실수로 다른 사람이 2백만 달러를 찾아가도록 했다.
24 우리 회사는 모든 예비 신입 사원들에 대해 예외 없이 경찰 신원 조회를 실시할 것이다.
25 더 궁금한 사항이 있으시면 (308) 223-5561, 내선번호 341로 Maria Granada에게 연락해 주세요.
26 그 400페이지 분량의 원고는 원래 Morrow 출판에서 거절당했지만 1년 후에 Werner's에 의해 채택되었다.

27 segment
[ségmənt]

n. 부분, 조각

segmentation n. 분할

The wedding cake was decorated with **segments** of pineapple, orange, and a collection of exotic fruits.

 a large segment of the population
인구의 다수를 차지하는 집단
one of the fastest growing segments
가장 급부상하는 분야 중 하나

28 substitute
[sʌ́bstitjùːt]

n. 대용품, 대리인
v. 대신하다, 대리하다
adj. 대리의, 대용의

substitution n. 대용, 대체

Frozen yogurt is a poor **substitute** for ice cream, but it is much healthier for diabetics.

 substitute A for B A로 B를 대체하다
substitute B with A A로 B를 대체하다

29 tension
[ténʃən]

n. 긴장, 긴장 상황

tense adj. 긴장한
v. 긴장하다

Tension in the workplace is most often cited as the primary cause of job related stress.

 tension between A and B A와 B 사이의 긴장
tension and stress 긴장과 스트레스

30 turnout
[tə́ːrnàut]

n. 참가(자), 출석(자)

Repealing the law making election day an official holiday contributed greatly to low voter **turnout**.

 expect a much higher turnout 참가자가 많을 것으로 예상하다

---

27 그 웨딩 케이크는 파인애플, 오렌지 그리고 이국적 과일 조각들로 장식되어 있었다.
28 냉동 요구르트는 아이스크림의 대용품으로는 불충분하지만 당뇨병 환자에게는 훨씬 건강에 좋다.
29 직장에서의 긴장이 직업과 관련된 스트레스의 주요 원인으로 가장 자주 인용된다.
30 선거일을 공식 휴일로 정하는 법을 폐지한 것이 투표율을 감소시키는 데 큰 역할을 했다.

week 1 ■ week 2 ■ week 3 ■ week 4

Check-up ◀

🎧 Listen and fill in the blanks with the correct words. ⓒMP3

01 Several delays have occurred recently because the development project has been hampered by resource _____.

02 The administration's new energy plan is focused _____ on finding an alternative to fossil fuels.

03 St. Andrews Hall is hoping to host several fundraising _____ over the next year.

04 Uncertainties about near-term growth may _____ investment as commodity prices weigh on employment and income.

05 Former CEO Jean Pritchard became well-known in business circles for his _____, common-sense approach to problems.

06 Increasingly stiff competition in the bond market has led to a _____ in the company's profits this year.

07 In an embarrassing incident, a bank in the U.S. accidentally allowed the wrong man to _____ two million dollars.

08 Our company will perform a police background check on any potential new employee without _____.

09 Frozen yogurt is a poor _____ for ice cream, but it is much healthier for diabetics.

10 Repealing the law making election day an official holiday contributed greatly to low voter _____.

---

01 개발 프로젝트가 자원 제약의 방해로 최근 여러 번 지연되었다. 02 행정부의 새로운 에너지 계획은 전적으로 화석 연료의 대체제를 찾는 것에 맞춰져 있다. 03 St. Andrews 홀은 내년에 여러 기금 모금 행사를 주최하기를 바라고 있다. 04 단기적 성장에 대한 불확실성은 물가가 고용과 소득에 부담이 되기 때문에 투자를 억제할 수도 있다. 05 전 최고 경영자인 Jean Pritchard 씨는 동요하지 않고 문제에 상식적인 접근을 하는 것으로 재계에서 잘 알려져 있다. 06 채권 시장의 경쟁이 점점 치열해져 올해 회사의 수익 감소로 이어졌다. 07 어처구니없는 사건이 일어났는데, 미국의 한 은행이 실수로 다른 사람이 2백만 달러를 찾아가도록 했다. 08 우리 회사는 모든 예비 신입 사원들에 대해 예외 없이 경찰 신원 조회를 실시할 것이다. 09 냉동 요구르트는 아이스크림의 대용품으로는 불충분하지만 당뇨병 환자에게는 훨씬 건강에 좋다. 10 선거일을 공식 휴일로 정하는 법을 폐지한 것이 투표율을 감소시키는 데 큰 역할을 했다.

@ MP3

01 contamination

[U.S.] [kəntæ̀mənéiʃən]

n. 오염

contaminate v. 오염시키다
contaminant n. 오염 물질

Contamination from pests can be a significant concern for businesses that transport fresh foods.

 the risk of contamination 오염의 위험

02 genuine

[U.S.] [dʒénjuin]

adj. 진품의, 성실한

Mr. Travis was promoted because he is hard working, very intelligent, and **genuine**.

 use only genuine parts 오직 진품만을 사용하다

03 positively

[U.S.] [pázətivli/pɔ́z-]

adv. 긍정적으로, 명확히

positive adj. 적극적인, 명확한

When investors are upbeat and confident, markets usually respond **positively** despite negative earnings forecasts.

 state positively 명확히 말하다

04 distract

[U.S.] [distrǽkt]

v. (주의를) 흩뜨리다,
딴 데로 돌리다

distraction n. 주의 산만
distracting adj. 산만하게 하는

The noise from the construction crew outside the office **distracts** everyone from doing their work.

distract A from B A의 관심을 B로부터 돌리다

---

01 해충으로 인한 오염은 신선 식품을 운송하는 업체들에게는 중요한 관심사가 될 수 있다.
02 Travis 씨는 열심히 일하고 매우 지적이며 성실하기 때문에 승진했다.
03 투자자들이 낙관적이고 확신이 있을 때 시장은 대개 부정적인 수익 전망에도 불구하고 긍정적으로 반응한다.
04 사무실 밖에서 공사 인부들이 내는 소음이 모두가 일하는 데 방해가 된다.

05 correspondence

u.s. [kɔ̀:rəspándəns/kàr-]
u.k. [kɔ̀rəspɔ́ndəns]

n. 편지, 일치, 유사

correspond
v. 서신을 주고 받다, 일치하다

corresponding adj. 일치하는

Sales associates should be aware that any **correspondence** with clients must be conducted in a professional manner.

 기출
엿보기

replies to the correspondence 서신에 대한 답장
outing correspondence 외부로 나갈 통신문
commercial correspondence 상업 통신문

06 significant

u.s. [signífikənt]

adj. 중요한, 눈에 띄는

significance n. 중요성
significantly adv. 상당히, 두드러지게

There has been a **significant** reduction in the number of homeless requiring our services lately.

 기출
엿보기

a significant level of 대단한 수준의 ~
anticipate significant revenue increases
엄청난 수익 증가를 기대하다
offer significant discounts to customers
고객들에게 많은 할인 혜택을 제공하다

07 sophisticated

u.s. [səfístəkèitid]

adj. 정교한, 복잡한, 세련된

sophistication n. 정교함

The **sophisticated** navigation system in this unit allows users to operate it remotely with minimal training.

 기출
엿보기

use of more sophisticated machinery
더 정교한 장비의 사용

08 issue

u.s. [íʃu:/ísju:]

v. 발표하다
n. 판, 호, 문제

issuer n. 발행자, 발행인

The company will be **issuing** a formal statement in a press release later today.

 기출
엿보기

issue a visa [ID card] 비자[신분증]을 발급하다
issue a new report 새 보고서를 발표하다
the current issue 최신 호

---

05 판매 관리자는 고객과의 어떠한 서신 교환도 전문적인 태도로 이루어져야 함을 알고 있어야 한다.
06 최근 우리 서비스를 필요로 하는 무주택자 수가 상당히 감소했다.
07 이 장치의 정교한 네비게이션 시스템은 사용자들이 최소한의 교육을 받고 원격으로 조작할 수 있게 해준다.
08 회사는 오늘 중에 기자 회견에서 공식 성명을 발표할 것이다.

09 fundraiser

[fʌ́ndrèizər]

n. 모금 행사

fundraising n. 모금

Quantum Industries has organized a **fundraiser** to purchase a new MRI machine for Saint Mary's Hospital.

fundraising drive 기금 마련 모금
fundraising dinner 자선 모금 만찬
take part in a fundraiser 모금 행사에 참여하다

10 spontaneous

[spɑntéiniəs/spɔn-]

adj. 자연스러운, 자발적인

spontaneously adv. 자연스럽게

No sooner had the final note ended than it was drowned out by the audience's **spontaneous** applause.

stand up spontaneously and applaud
자발적으로 기립하여 박수를 치다

11 possess

[pəzés]

v. 보유하다, 지니다

possession n. 소유, 소유물

Mrs. Kindle **possesses** average interpersonal skills, but her research skills are second to none.

possess extensive knowledge 폭넓은 지식을 소유하다
possess basic computer skills 기본 컴퓨터 기술이 있다

12 judgment

[dʒʌ́dʒmənt]

n. 판단, 견해

judge v. 판단하다, 심사하다

The firm's current difficulties can be attributed to an equal measure of bad luck and bad **judgment**.

sense of judgment 판단력
trust one's judgment ~의 판단을 믿다

13 unbiased

[ʌnbáiəst]

adj. 선입견 없는, 공평한

unbiasedly adv. 공평하게

A recent survey confirms that the public doesn't trust biotech companies to provide **unbiased** information.

unbiased advice 편견 없는 조언
unbiased administration of ~의 공정한 관리, 경영

---

09 Quantum 산업은 Saint Mary's 병원을 위한 새로운 MRI 기계를 구입하기 위해 모금 행사를 조직했다.
10 최후 통첩이 끝나기 무섭게 관객의 자발적 박수가 터져 나왔다.
11 Kindle 씨는 보통의 대인 관계 기술을 가지고 있지만 연구 기술 면에서는 필적할 만한 사람이 없다.
12 그 회사의 현재 어려움은 불운과 잘못된 판단 때문이라고 할 수 있다.
13 최근 조사는 대중들이 생명 공학 기업들이 공평한 정보를 제공해줄 것이라 믿지 않는다는 사실을 뒷받침해 준다.

14 restrict
[ristríkt]

v. 제한하다, 한정하다

restriction n. 제한, 한정
restrictive adj. 제한하는
restricted adj. 제한된

The government has **restricted** gun ownership to those over the age of 21 who hold valid licenses.

 restrict A to B A를 B로 한정하다
restricted area 통제 구역

15 pollutant
[pəlúːtənt]

n. 오염 물질

pollute v. 오염시키다

Dioxins are just one of several **pollutants** that are released into the atmosphere by burning household trash.

 harmful pollutants 유해 오염 물질

16 vulnerable
[vʌ́lnərəbəl]

adj. 취약한, 상처 입기 쉬운

vulnerability n. 취약함

Because they often venture out alone late at night, tourists are more **vulnerable** to attack.

 vulnerable to ~에 취약한
extremely vulnerable 극도로 취약한

17 secure
[sikjúər]

v. 안전하게 하다, 지키다
adj. 안전한, 보장된

security n. 안전, 보안
securely adv. 안전하게, 확실하게

Susan was only mildly disappointed by her failure to **secure** the lead role in the play.

financially secure 재정적으로 안전한
a secure job with good pay 급여가 좋은 안정된 일자리
secure in the knowledge that절 ~에 대해 확신하는

---

14 정부는 유효 허가증을 소지한 21세 이상의 사람들로 총기 소지를 제한했다.
15 다이옥신은 가정 쓰레기를 태움으로써 공기에 배출되는 여러 오염 물질 중의 하나일 뿐이다.
16 관광객들은 밤 늦게 혼자 나가는 일이 종종 있기 때문에 공격에 더 취약하다.
17 Susan은 연극 주연 자리를 지키지 못한 것에 약간 실망했을 뿐이다.

18 rebate
u.s. [ríːbeit/ribéit]

n. 환급, 환불
v. 환불하다

Visitors may claim a goods and services tax (GST) **rebate** for purchases made while visiting the country.

 a visitor tax rebate application form
방문자 부가세 환불 신청서

19 transcribe
u.s. [trænskráib]

v. 복사하다, 필사하다

transcript n. 사본, 복사

Since we don't **transcribe** our own show, you will need to contact the general transcript ordering service.

20 respondent
u.s. [rispándənt/-spɔ́n-]

n. (설문 조사의) 응답자

respond v. 반응하다, 응답하다
response n. 응답, 반응
responsive adj. ~에 반응하는

In a recent opinion poll, a majority of **respondents** claimed to be in favor of more nuclear energy R&D.

 be respondent to ~에 응하다
60% of respondents 응답자의 60%

21 verify
u.s. [vérəfài]

v. 증명하다, 확인하다

verification n. 조회, 입증

This one-of-a-kind system allows you to **verify** that your vote was actually counted.

 verify the sales figures 판매액을 확인하다
verify the information 정보를 확인하다

22 freight
u.s. [freit]

n. 화물, 운송
v. 운송하다

freighter n. 화물 취급인, 화물 수송기

Our wholesaler transports **freight** on a cargo ship from the Philippines to North America.

 a freight delivery service 화물 운송 서비스

---

18 방문객들은 그 나라 방문 중 구매한 것에 대해 부가가치세 환급을 청구할 수 있다.
19 우리는 자체 쇼를 복사하지 않기 때문에 일반 복사 주문 서비스에 연락하셔야 할 것입니다.
20 최근 여론 조사에서 응답자의 다수는 더 많은 원자력 에너지 연구 개발을 찬성한다고 말했다.
21 이 유일무이한 시스템은 여러분의 투표가 정확히 계산되었음을 확인시켜 줍니다.
22 우리 도매상은 화물선에 화물을 싣고 필리핀에서 북아메리카까지 운송한다.

23 yield

u.s. [ji:ld]

v. 산출하다, (이윤을) 가져오다
n. 생산량, 이윤

Scientists have proved that burning waste **yields** energy that can be used for electric power or heating.

 reduce the crop yield 작물 생산량을 줄이다
the yield for coffee crops 커피 수확률

24 favor

u.s. [féivər]

n. 친절, 호의
v. 지지하다, 친절을 베풀다

favorite adj. 마음에 드는
favorable adj. 호의적인, 유리한
favorably adv. 호의적으로, 유리하게

The restaurant has fallen out of **favor** with many regular patrons because of the change in ownership.

 in favor of ~에 대해 호의적인, ~에 찬성하는
do A a favor A에게 친절을 베풀다
in [out] favor 유행 중인[인기가 없는, 유행이 지난]

25 contend

u.s. [kənténd]

v. 주장하다, 경쟁하다

contender n. 경쟁자

Ms. Britton **contends** that Katie's work on the sales report was organized and informative.

 contend that ~라고 주장하다
contend for ~을 놓고 경쟁하다
contend with ~을 다루다, 처리하다

26 memorandum

u.s. [mèmərǽndəm]

n. 비망록, 회람

I would like you to disseminate Ms. Maple's **memorandum** outlining our need for additional storage facility.

 draw up a memorandum 메모를 작성하다
an official [interoffice] memorandum
업무상의[사내 연락] 메모

---

23 과학자들은 쓰레기를 소각하면 전력이나 난방에 사용할 수 있는 에너지를 생산할 수 있음을 입증했다.
24 그 식당은 주인이 바뀌어 많은 단골들에게 인기가 떨어졌다.
25 Britton 씨는 Katie가 작업한 판매 보고서는 체계적이고 유익했다고 주장한다.
26 추가 저장 시설에 대한 필요성을 개괄하는 Maple 씨의 회람을 배포해 주셨으면 합니다.

27 selection

u.s. [silékʃən]

n. 진열 상품, 선발, 선택

select v. 선택하다, 고르다
　　　 adj. 고른, 추려낸

selective adj. 선택적인, 가리는

The shop in the mall has a great **selection** of retro style clothing from the 50's and 60's.

 기출 엿보기
a wide selection of 다양한 구색을 갖춘
offer an extensive wine selection 다양한 와인을 제공하다

28 testimonial

u.s. [tèstəmóuniəl]

n. 증명서, 증언, 평가

Research shows that people attribute much greater authority to a **testimonial** given by a famous person.

 기출 엿보기
including testimonials from current foster owner
현재 임시 입양인의 추천의 말을 포함하여

29 turnover

u.s. [tə́ːrnòuvər]

n. 이직률, 총 매출액

The vice-president of medical services said that doctor **turnover** is normal at the hospital and nothing to worry about.

 기출 엿보기
unusually high staff turnover 이례적으로 높은 직원 이직률
staff turnover 전직, 이직

30 urgency

u.s. [ə́ːrdʒənsi]

n. 긴급, 절박

urgent adj. 긴급한, 절박한

The Devil Rays feel a sense of **urgency** to return to the playoffs for the first time since 1993.

 기출 엿보기
a matter of urgency 긴급한 문제

---

27 쇼핑몰의 그 상점은 50년대와 60년대의 복고풍 의류가 다양하게 구비되어 있다.
28 연구에 의하면 사람들은 유명인이 한 증언이 훨씬 더 많은 영향력이 있다고 생각한다.
29 의료 센터의 부회장은 의사의 이직률은 병원에서 일반적인 것이며 걱정할 것 없다고 말했다.
30 Devil Rays팀은 1993년 이후 처음으로 플레이오프로 돌아가야 한다는 절박함을 느낀다.

Check-up ◀

🎧 Listen and fill in the blanks with the correct words. 🄫MP3

01 The noise from the construction crew outside the office _____
everyone from doing their work.

02 Sales associates should be aware that any _____ with clients
must be conducted in a professional manner.

03 There has been a _____ reduction in the number of homeless
requiring our services lately.

04 No sooner had the final note ended than it was drowned out by the
audience's _____ applause.

05 A recent survey confirms that the public doesn't trust biotech companies to
provide _____ information.

06 The government has _____ gun ownership to those over the age
of 21 who hold valid licenses.

07 Because they often venture out alone late at night, tourists are more
_____ to attack.

08 Scientists have proved that burning waste _____ energy that can
be used for electric power or heating.

09 Ms. Britton _____ that Katie's work on the sales report was
organized and informative.

10 Research shows that people attribute much greater authority to a
_____ given by a famous person.

01 사무실 밖에서 공사 인부들이 내는 소음이 모두가 일하는 데 방해가 된다. 02 판매 관리자는 고객과의 어떠한 서신 교환도 전문적인 태도로 이루어져야 함을 알고 있어야 한다. 03 최근 우리 서비스를 필요로 하는 무주택자 수가 상당히 감소했다. 04 최후 통첩이 끝나기 무섭게 관객의 자발적 박수가 터져 나왔다. 05 최근 조사는 대중들이 생명 공학 기업들이 공평한 정보를 제공해줄 것이라 믿지 않는다는 사실을 뒷받침해 준다. 06 정부는 유효 허가증을 소지한 21세 이상의 사람들로 총기 소지를 제한했다. 07 관광객들은 밤 늦게 혼자 나가는 일이 종종 있기 때문에 공격에 더 취약하다. 08 과학자들은 쓰레기를 소각하면 전력이나 난방에 사용할 수 있는 에너지를 생산할 수 있음을 입증했다. 09 Britton 씨는 Katie가 작업한 판매 보고서는 체계적이고 유익했다고 주장한다. 10 연구에 의하면 사람들은 유명인이 한 증언이 훨씬 더 많은 영향력이 있다고 생각한다.

Day 18 167

(◎) MP3

01 content
u.s. [kɑ́ntent]

n. 내용물, 목차
adj. 만족하는

contentment n. 만족, 안도

The shipping manifest will have a detailed list of all the **contents** in the container.

table of content 목차
to your heart's content 만족할 정도로
the contents of each package 각 포장의 내용물

02 persuasive
u.s. [pərswéisiv]

adj. 설득력 있는

persuade v. 설득하다
persuasion n. 설득
persuasively adv. 설득력 있게

Students will research an issue of personal interest and then deliver a **persuasive** speech on the topic.

a persuasive argument[evidence] 설득력 있는 주장[증거]

03 recently
u.s. [rí:səntli]

adv. 최근에, 요즈음

recent adj. 최근의

TBA is still a good investment, even though its stock price has **recently** declined in value.

until recently 최근까지
recently hired supervisor 최근 고용된 관리자

04 distribute
u.s. [distríbju:t]

v. 분배하다, 배급하다

distribution n. 배포, 분배
distributor n. 배급업자

I will now **distribute** the training workbook which must be completed by next Friday.

distribute A to B A를 B에게 나누어 주다
distribute the papers 서류를 나누어 주다

---

01 작하목록에는 컨테이너 안의 모든 내용물의 자세한 목록이 포함된다.
02 학생들은 개인 관심사에 대해 조사한 다음 그 주제에 대해 설득력 있는 연설을 할 것이다.
03 최근 주가 하락에도 불구하고 TBA는 여전히 좋은 투자 대상이다.
04 다음 주 금요일까지 완성해야 하는 훈련 연습장을 지금 나누어 드리겠습니다.

05 courier

u.s. [kúriər/kɔ́:ri-]

u.k. [kú:riər]

n. 운반(인), 배송 업체

Our **courier** will arrive at your office to pick up the package by 11:00 a.m.

 by using a courier 택배업체를 이용함으로써

---

06 severe

u.s. [sivíər]

adj. 심각한, 혹독한

severity n. 엄격

severely adv. 호되게, 심하게

The latest current account figures have dealt a **severe** blow to hopes of an early economic recovery.

 come down with a severe cold 심한 감기에 걸리다
a severe shortage of skilled foremen
숙련된 현장 주임의 심각한 부족

---

07 spacious

u.s. [spéiʃəs]

adj. 넓은, 광범위한

spaciously adv. 넓게

This **spacious** three bedroom unit has only just come on the market, and it won't last long.

 a spacious dining room 넓은 식당
spacious accommodation 넓은 숙박시설

---

08 present

u.s. [prizént]

v. 제공하다, 제출하다

adj. 현재의

presentation n. 발표, 공연

The Surgeon-General's aid **presented** a well-argued case for the banning of smoking in public places.

 present A with [to] B A에게 B를 제공하다
up to present 오늘에 이르기까지

---

09 division

u.s. [divíʒən]

n. 부서, 부문

divide v. 나누다, 분류하다
n. 분배, 나누기

dividend n. 배당금

The sales **division** should be credited with helping to brainstorm ideas for our new marketing campaign.

 Public Relations Division 홍보부
different divisions of the company 사내 다른 부서들

---

05 저희 택배 회사가 물건을 가지러 고객님의 사무실에 오전 11시에 도착할 예정입니다.
06 가장 최근의 경상수지 수치는 경기의 조기 회복 바람에 강한 일격을 가했다.
07 이 넓은 방 세 개짜리 집은 방금 시장에 나왔는데 금방 팔릴 것 같다.
08 공중 위생 국장의 협조는 공공 장소에서 금연에 대한 타당한 사례를 제공했다.
09 판매부는 새로운 마케팅 캠페인에 대한 아이디어를 브레인스토밍하는 데 도움을 주었음을 인정받아야 한다.

10 successful

[U.S.] [səksésfəl]

adj. 성공적인, 성공한

succeed v. 성공하다, 계속하다
success n. 성공, 성취
successfully adv. 성공적으로

During a **successful** advertising career spanning four decades, Mr. Keller accumulated a great amount of knowledge.

 기출 엿보기
a successful transition to ~로의 성공적인 전환
a highly successful businessman 매우 성공적인 사업가

11 restructure

[U.S.] [ri:strʌ́ktʃər]

v. 구조 조정하다, 재편성하다

restructuring n. 구조 조정, 재편성

The insurance industry's plans to **restructure** have been met with skepticism by consumer advocacy groups.

 기출 엿보기
in restructuring efforts 구조 조정 노력의 일환으로

12 pedestrian

[U.S.] [pədéstriən]

n. 보행자
adj. 보행(자)의

The mayor argued that the **pedestrian** span is a necessity that will be used by more than 5,000 people daily.

 기출 엿보기
pedestrian walkway 보행자 도로
the amount of car and pedestrian traffic
교통량과 보행자 통행량

13 uncertain

[U.S.] [ʌnsə́:rtən]

adj. 불확실한, 모호한

uncertainly adv. 불확실하게

In these **uncertain** economic times, it's hard to know where best to invest my savings.

 기출 엿보기
uncertain times 불확실한 시기
be uncertain about ~에 대해 확신을 갖지 못하다

---

10 40년간의 성공적인 광고 경력 동안 Keller 씨는 방대한 양의 지식을 쌓았다.
11 보험 산업의 구조 조정 계획은 소비자 보호 단체들의 회의론에 부딪쳤다.
12 시장은 매일 5천 명 이상이 사용할 보도교가 필수적이라고 주장했다.
13 이러한 불확실한 경제 시대에 내 저축을 어디에 투자하는 것이 가장 좋은지 알기란 어렵다.

14 polish

[U.S.] [páliʃ]
[U.K.] [póliʃ]

v. 닦다, 광을 내다

The maintenance crew **polished** the floor last night, and it is still very slippery.

 professionally polished 전문적으로 광택 처리된

15 preparation

[U.S.] [prèpəréiʃən]

n. 준비

prepare v. 준비하다, 각오하다
preparatory adj. 준비의

There was a lot of activity in **preparation** for the dignitaries visit during the G20 summit in Italy last summer.

 in preparation for ~에 대비하여
make preparations 준비를 갖추다

16 widespread

[U.S.] [wàidspréd]

adj. 널리 퍼진, 만연한

Budget shortfalls have triggered **widespread** cuts to the city's services, including transportation and garbage pick up.

 widespread disruption of body function
광범위한 신체 기능 장애
widespread advances in technology 만연한 과학 진보

17 suffer

[U.S.] [sʌ́fər]

v. (상해 · 손해를) 입다

Our newest product is targeted at pregnant women, who often **suffer** from a deficiency of iron in their diets.

 suffer from ~을 겪다, ~로 고생하다
suffer losses in revenue 매출에서 손실을 입다

---

14 관리 직원이 어젯밤 바닥을 닦았는데 여전히 매우 미끄럽다.
15 지난 여름 이탈리아에서 열린 G20 정상 회담 기간에는 고위 관리 방문에 대비해 많은 행사가 있었다.
16 예산 부족은 대중 교통이나 쓰레기 수거와 같은 도시의 서비스와 관련하여 광범위한 삭감을 초래했다.
17 우리 신상품은 식단에서 종종 철분 결핍을 겪는 임산부를 대상으로 한다.

18 reception
[risépʃən]

n. 환영회, 접수처

receptionist n. 접수원

Soft drinks and snacks will be served during the **reception**, and a cash bar will be available.

 reception party 환영회
sign in at a reception desk 접수 창구에서 서명하다

19 transform
u.s. [trænsfɔ́ːrm]

v. 바꾸다, 변형시키다

transformation n. 변형, 변화

The scheme suggested by the Minister of Tourism would **transform** the ocean front into a tourist mecca.

 transform from ~에서 변형시키다
transform A into B A를 B로 변형시키다

20 revenue
u.s. [révənjùː]

n. 소득, 수입

Lyrco has reacted to the loss in **revenue** by scrapping plans to expand into new business markets.

 advertising [tax] revenue 광고[세입] 소득
accurately account for revenues
수입에 대해 정확히 설명하다

21 waive
u.s. [weiv]

v. 포기하다, 철회하다

waiver n. 포기, 기권

The bank manager eventually **waived** the charge, but I had to put up quite a fight.

 waive the tax requirements 세금 의무를 포기하다, 면제해 주다

22 headquarters
u.s. [hédkwɔ̀ːrtərz]

n. 본부, 본사

headquartered
adj. ~에 본부(본사)를 둔

The architect's **headquarters** is located at the corner of Bay Street and Valleyway Road.

 the company headquarters 본사

---

18 환영회가 열리는 동안 탄산 음료와 스낵이 제공될 것이며 유료 바도 이용 가능합니다.
19 관광부 장관이 제안한 계획은 임해지를 관광 명소로 변형시키는 것이다.
20 Lyrco는 새로운 사업 시장으로 진출하려는 계획을 철회함으로써 소득 손실에 대응했다.
21 은행 관리자는 결국 수수료를 철회하긴 했지만 나는 꽤나 싸워야 했다.
22 그 건축가의 본사는 Bay 거리와 Valleyway 가의 코너에 위치해 있다.

23 convince
u.s. [kənvíns]

v. 설득하다, 납득시키다

conviction n. 확신, 유죄 판결
convincing adj. 설득력 있는
convinced adj. 확신을 가진

We must **convince** management that upgrading their manufacturing equipment would be money well spent.

기출 엿보기
convince A of B A에게 B를 납득시키다
convince A + that절 A에게 ~을 납득시키다

24 finance
u.s. [fínǽns/fáinæns]

n. 재정, 자금
v. 자금을 조달하다

financing n. 자금 조달, 융자
financial adj. 재정의, 금전상의

The search for a new **finance** manager began after Mr. Harden resigned last week.

기출 엿보기
in the world of finance 금융계에서
within Banking and Finance division 금융 재무 부서에서

25 economics
u.s. [ì:kənámiks/èk-]
u.k. [ì:kənɔ́miks]

n. 경제학

I had to complete several **economics** courses in order to receive my business degree.

기출 엿보기
experience in international economics 국제 경제학 분야의 경력

26 merchandise
u.s. [mə́:rtʃəndàiz]

n. 상품, 제품

merchandiser n. 상인
merchandising n. 판촉

Analysts estimate that sales of **merchandise** tied to the movie industry could top $9 billion this year alone.

기출 엿보기
general merchandise 잡화
refuse the delivery of merchandise 상품의 배송을 거절하다

---

23 우리는 제조 장비를 업그레이드하는 것이 돈을 유용하게 잘 쓰는 것이라고 경영진을 설득시켜야 한다.
24 지난 주에 Harden 씨가 사임한 후에 새로운 재무팀 부장에 대한 물색이 시작되었다.
25 나는 경영학 학위를 받기 위해 여러 경제학 과목을 이수해야 했다.
26 분석가들은 영화 산업과 관련된 상품 판매가 올해에만 90억 달러를 상회할 수 있을 것이라고 평가한다.

27 sensitivity

[U.S.] [sènsətívəti]

n. 민감성, 감수성

An increased **sensitivity** to sunlight is one of the effects of high-altitude, or sickness.

 cross-cultural sensitivity 이질(異質) 문화 간의 민감성
sensitivity of the material processed 자료 처리의 민감도

28 succession

[U.S.] [səksé∫ən]

n. 연속, 계승

successor n. 후임자, 후계자
successive adj. 연속하는, 계속적인

A **succession** of scandals has undermined people's faith in the government over the past year.

 in succession 연속하여, 잇따라
the succession to ~의 계승

29 transition

[U.S.] [trænzí∫ən/-sí∫ən]

n. 변천, 과도기, 변화

transit n. 수송, 통행, 통과
transitional adj. 변천하는, 과도기의

The **transition** from writer to editor has been difficult, much more so than I would have thought.

 in transition 과도기에 있는
a gradual transition 점진적인 변천
transition from A to B A에서 B로의 이동[전환]

30 utility

[U.S.] [ju:tíləti]

n. 공익 설비, 공공 요금

utilize v. 이용하다, 활용하다
utilization n. 이용

The rental cost includes all **utilities**, but use of the sauna, gym, and fitness facilities are extra.

 utility bill 공과금 고지서
utility room 다용도실

---

27 햇빛에 민감도가 증가한 것은 높은 고도나 병으로 인한 영향 중 하나이다.
28 계속된 스캔들로 지난 한 해 동안 정부에 대한 사람들의 신임이 떨어졌다.
29 작가에서 편집자로 변신하는 것은 내가 생각했던 것보다 훨씬 어려웠다.
30 임대 비용에는 모든 공공시설 이용 요금이 포함되지만 사우나, 체육관, 헬스 클럽 시설 이용은 별도이다.

Check-up ◀

Listen and fill in the blanks with the correct words. ⊚ MP3

01 Students will research an issue of personal interest and then deliver a _____ speech on the topic.

02 The latest current account figures have dealt a _____ blow to hopes of an early economic recovery.

03 The Surgeon-General's aid _____ a well-argued case for the banning of smoking in public places.

04 The insurance industry's plans to _____ have been met with skepticism by consumer advocacy groups.

05 In these _____ economic times, it's hard to know where best to invest my savings.

06 Our newest product is targeted at pregnant women, who often _____ from a deficiency of iron in their diets.

07 The scheme suggested by the Minister of Tourism would _____ the ocean front into a tourist mecca.

08 Lyrco has reacted to the loss in _____ by scrapping plans to expand into new business markets.

09 The bank manager eventually _____ the charge, but I had to put up quite a fight.

10 Analysts estimate that sales of _____ tied to the movie industry could top $9 billion this year alone.

01 학생들은 개인 관심사에 대해 조사한 다음 그 주제에 대해 설득력 있는 연설을 할 것이다. 02 가장 최근의 경상수지 수치는 경기의 조기 회복 바람에 강한 일격을 가했다. 03 공중 위생 국장의 협조는 공공 장소에서 금연에 대한 타당한 사례를 제공했다. 04 보험 산업의 구조 조정 계획은 소비자 보호 단체들의 회의론에 부딪쳤다. 05 이러한 불확실한 경제 시대에 내 저축을 어디에 투자하는 것이 가장 좋은지 알기란 어렵다. 06 우리 신상품은 식단에서 종종 철분 결핍을 겪는 임산부를 대상으로 한다. 07 관광부 장관이 제안한 계획은 임해지를 관광 명소로 변형시키는 것이다. 08 Lyrco는 새로운 사업 시장으로 진출하려는 계획을 철회함으로써 소득 손실에 대응했다. 09 은행 관리자는 결국 수수료를 철회하긴 했지만 나는 꽤나 싸워야 했다. 10 분석가들은 영화 산업과 관련된 상품 판매가 올해에만 90억 달러를 상회할 수 있을 것이라고 평가한다.

Day 20

🎧 MP3

01 contrast
u.s. [kántræst/kɔ́ntrɑːst]

n. 비교, 대조
v. 비교하다

I have noticed that there is a striking **contrast** between our revenues in March and August.

by contrast (with) ~와 대조하여
in contrast with[to] ~와 대조를 이루어

02 receivable
u.s. [risíːvəbəl]

adj. 미지급의

This course will teach future bookkeepers to keep accurate financial records, including accounts payable and **receivable**.

accounts receivable 수취 계정, 외상 매출 계정

03 seemingly
u.s. [síːmiŋli]

adv. 겉으로는, 표면상

seeming adj. 겉으로의, 그럴 듯한

Members of the hiring committee remain confident and **seemingly** untroubled by their inability to find a replacement.

have seemingly led to the failure 표면상 실패를 야기하다
seemingly unimportant documents
겉보기에 중요하지 않은 문서들

04 recall
u.s. [rikɔ́ːl]

v. 회수하다, 기억나다
n. 회수

The company was forced to **recall** thousands of plastic baby toys after a lead paint scare.

recall A to B A에게 B를 상기시키다
recall defective merchandise 불량품을 회수하다

---

01 나는 3월과 8월의 수익에 뚜렷한 차이가 있음을 발견했다.
02 이 과정은 미래의 부기 계원들에게 지불 및 수취 계좌를 포함하여 정확한 재무 기록을 보관하도록 가르친다.
03 고용위원회 위원들은 후임자를 못 찾아도 여전히 자신감 있고 겉보기에는 문제가 없는 듯 보인다.
04 그 회사는 납이 함유된 페인트의 공포 이후 수천 개의 플라스틱 유아용 장난감을 회수해야 했다.

176

05 coverage

u.s. [kʌ́vəridʒ]

n. (보험의) 보상 범위, 취재 범위

cover v. 포함하다, 보도하다

All companies must have business insurance **coverage** to protect them in the event of an accident.

media coverage 언론 보도
extensive insurance coverage 폭넓은 보험 보상 범위

06 prevalent

u.s. [prévələnt]

adj. 널리 퍼진, 유행하고 있는

prevalence n. 확산

Our profits are up in areas where access to cheap, local resources is most **prevalent**.

prevalent among [in] ~사이에서 널리 퍼진, 일반적인
a prevalent problem 비일비재한 문제

07 thoroughly

u.s. [θə́:rouli]

adv. 완전히, 철저히

thorough adj. 철저한, 완전한

Even though I went through the report **thoroughly**, I couldn't find the information I needed anywhere.

examine it thoroughly 철저하게 조사하다
thoroughly enjoyable 완전히 즐길 만한
thoroughly analyze [review, check]
철저하게 분석[검토, 확인]하다

08 reverse

u.s. [rivə́:rs]

v. 반대로 하다, 번복하다
n. 반대
adj. 반대의, 역의

reversion n. 전도, 역전
reversible adj. 거꾸로 할 수 있는

Ms. McMillan laid out plans to **reverse** the company's decline in profits by streamlining several key operations.

on the reverse side of ~의 뒷면에
in reverse 역으로, 후진해서

---

05 모든 회사는 사고가 날 경우에 보호를 받기 위해 기업 보험에 가입해야 한다.
06 우리의 수익은 값싸게 접근할 수 있고 현지 자원이 가장 일반적인 지역에서 높다.
07 그 보고서를 철저하게 살펴봤지만 어디에서도 내가 필요한 정보는 찾을 수 없었다.
08 McMillan 씨는 몇 가지 주요 작업을 간소화함으로써 회사의 수익 하락을 역전시키려는 계획을 세웠다.

09 district

[u.s.] [dístrikt]

n. 지구, 지역

The limousine company provides service within Seoul and all of its surrounding **districts**.

major residential districts 주요 주거 지역
the heart of the commercial district 상업 지구의 중심

10 sudden

[u.s.] [sʌ́dn]

adj. 갑작스러운

suddenly adv. 갑자기

The VP's **sudden** departure in the face of criticism surprised everyone, sending the board into emergency mode.

(all) of a sudden 갑자기, 뜻밖에
on a sudden 갑자기, 뜻밖에

11 skyrocket

[u.s.] [skáirɑkit/-rɔ̀k-]

v. (가격 등이) 치솟다

Housing prices have **skyrocketed** in Hong Kong, where an all-time record was set last month.

12 pollution

[u.s.] [pəlú:ʃən]

n. 오염

pollute v. 오염시키다

New government regulations have put strict limits on how much air **pollution** corporations can produce.

man-made pollution 인간이 초래하는 오염
the effect of air pollution 대기 오염의 영향

13 utmost

[u.s.] [ʌ́tmòust/-məst]

adj. 최대한의, 극도의
n. 최대, 극한

The situation needs to be handled with the **utmost** care, and you are the best person for the job.

to the utmost 극도로, 최대한으로
do one's utmost 전력을 다하다

---

09 그 리무진 회사는 서울과 서울 주변의 모든 지역들에서 서비스를 제공한다.
10 비판에 직면한 부사장이 갑자기 떠나자 모두가 놀랐고 이사회는 비상 상황에 돌입했다.
11 홍콩의 주택 가격이 치솟아 지난달 사상 최고치를 기록했다.
12 새로운 정부 규정은 기업이 배출할 수 있는 대기 오염 물질의 양에 엄격한 제한을 두었다.
13 최대한 주의해서 상황에 대처할 필요가 있는데 그 일에 적임자는 당신입니다.

14 solicit
[U.S.] [səlísit]

v. 요청하다, 간청하다

solicitation n. 간청

It is immoral for teachers to **solicit** gifts or money in exchange for favoritism toward a student.

 solicit A from B A를 B에게 요청하다
door-to-door solicitation 집집마다 다니며 물건을 파는 행위

15 prevention
[U.S.] [privénʃən]

n. 예방법, 방지책

prevent v. 예방하다, 방해하다
preventive adj. 예방적인

Health education in the local population is crucial to the **prevention** of the spread of communicable diseases.

 early[primary, secondary] prevention 조기[1차, 2차] 예방
prevention of computer viruses 컴퓨터 바이러스 예방

16 unwillingly
[U.S.] [ʌ̀nwíliŋli]

adv. 마지못해

unwillingness n. 본의 아님
unwilling adj. 마음 내키지 않는

News reports claim that this mountainous region **unwillingly** harbored several al-Qaida operatives up until late last year.

 apologize unwillingly 마지못해 사과하다
unwillingly to negotiate the price 가격 협상을 할 용의가 없는

17 trigger
[U.S.] [trígər]

v. 야기하다, 유발하다

The president steadfastly claimed that the iron and steel provision wouldn't **trigger** a trade war.

without triggering inflation 인플레이션을 유발하지 않고

18 recession
[U.S.] [riséʃən]

n. 불경기, 경기 후퇴

A lot of small businesses have been adversely affected by the **recession**, and many aren't expected to survive.

too long and hard recession 너무 길고 힘든 불경기

---

14 교사들이 학생을 편애하는 대가로 선물이나 돈을 요구하는 것은 부도덕한 것이다.
15 지역 주민에 대한 보건 교육은 전염성 질환의 확산을 막는 데 중요하다.
16 뉴스 보도에서는 작년 말까지 이 산악 지역은 어쩔 수 없이 몇몇 알카에다 공작원들의 은신처가 되었다고 주장한다.
17 대통령은 철과 강철 관련 규정이 무역 전쟁을 야기하지는 않을 것이라고 확고하게 주장했다.
18 많은 소기업들이 불경기에 부정적인 영향을 받았고 다수가 살아남지 못할 것으로 예상된다.

19 undergo

us. [ʌndərɡóu]

v. 경험하다, 겪다

The quarterback is scheduled to **undergo** an MRI on his right leg in the wake of the injury.

 undergo considerable downsizing
상당한 수준의 감축을 단행하다
undergo a close inspection 정밀 검사를 받다

20 specification

us. [spèsifikéiʃən]

n. 명세서, 설명서

specify v. 상술하다, 명기하다

All of our beds can be custom made to our customer's **specifications**, and we offer free installation.

 product specifications 제품 사양
quality specifications 품질 기준
to one's specifications 주문하는 대로

21 wane

us. [wein]

v. 감소하다
n. 감소, 쇠퇴

The report noted that while U. S. consumer confidence improved, house prices **waned** in the third quarter.

 on [in] the wane 감소하고 있는, 쇠약해지고 있는

22 inspection

us. [inspékʃən]

n. 조사, 점검

inspect v. 면밀히 조사하다, 검사하다
inspector n. 검사자, 검사관

The Health and Safety Board will conduct an **inspection** of our equipment next week.

 make [conduct, carry out] inspection 조사하다
a stringent inspection process 엄격한 조사 과정

---

19 그 쿼터백은 부상에서 깨어난 후 오른쪽 다리에 MRI 검사를 받을 예정이다.
20 저희 모든 침대는 고객이 주문하는 대로 제작되며 무료로 설치해 드립니다.
21 그 보고에 의하면 미국 소비자 신뢰도는 향상되었으나 3분기에 주택 가격은 하락했다.
22 보건 및 안전 위원회는 다음 주에 우리 장비에 대한 조사를 실시할 것이다.

23 coordinate
u.s. [kouɔ́:rdənət/-nèit]

v. 조정하다, 총괄하다

coordination n. 조정
coordinator n. 책임자

All team leaders should **coordinate** their efforts during the restructuring process.

coordinate with ~와 조화시키다
coordinate a product launch 상품 출시를 총괄하다

24 intermission
u.s. [ìntərmíʃən]

n. (연극 · 공연 등의) 휴식 시간

intermit v. 잠시 멈추다, 중단시키다

The first act is scheduled to last 60 minutes, after which there will be a brief **intermission**.

without intermission 끊임없이
a 10 minute intermission 10분 간의 짧은 휴식 시간

25 contingency
u.s. [kəntíndʒənsi]

n. 불의의 사태, 뜻밖의 일

contingent adj. 불확실한, 우연한

We'll need to come up with a **contingency** plan if sales continue to decrease.

contingency team 비상 대책반

26 merger
u.s. [mɔ́:rdʒər]

n. 합병

merge v. 합병하다

Announcement of the **merger** between the two competitors is expected to drive up share prices sharply.

M & A(= merger and acquisition) 인수 합병
agree on the terms of the merger 합병 조건에 합의하다

---

23 모든 팀장은 구조 조정 기간에 효율적으로 조정해야 한다.
24 1막은 60분간 이어질 예정이고 그 후 짧은 휴식 시간이 주어질 것이다.
25 판매가 계속해서 감소한다면 우리는 비상 대책을 마련해야 할 것이다.
26 두 경쟁사의 합병 발표로 주가가 급등할 것으로 예상된다.

Day 20

27 suspect
[səspékt]

n. 용의자
v. 짐작하다

suspicion n. 의심
suspicious adj. 의심하는

No one knows what caused the outbreak of H1N1, but pigs are the main **suspects**.

 be suspected of ~의 혐의를 받다
arrest a suspect 용의자를 체포하다

28 transaction
[trænsǽkʃən/trænz-]

n. 처리, 거래, 업무

transact v. 행하다
transactional adj. 거래의, 업무적인

Each **transaction** made through the foreign exchange counter at the airport is recorded for tax purposes.

 make a transaction 거래하다
document all transaction 모든 거래를 문서화하다

29 ventilation
[véntəlèiʃən]

n. 통풍, 환기

ventilate v. 환기시키다

Inadequate **ventilation** may contribute to the high incidence of respiratory tract infections in young children.

 good ventilation 환기가 잘되는
ventilation equipment 환기 설비

30 venue
[vénju:]

n. 개최지

Olympic organizers are one step closer to securing the last required training **venue** for the 2010 Games.

 venue for ~가 일어나는 현장
an ideal venue 이상적인 장소

---

27 신종 플루의 발생을 야기한 원인이 무엇인지 아무도 모르지만 돼지가 주요 의심군이다.
28 공항 환전소를 통해 이루어진 각 거래는 세금 목적으로 기록된다.
29 환기를 제대로 하지 않으면 어린 아이들의 경우 호흡기 감염 발생률이 높아질 수 있다.
30 올림픽 주최측은 2010년 올림픽을 위해 최종적으로 필요한 훈련장을 확보하는 데 한 걸음 더 가까이 갔다.

Check-up ◀

🎧 Listen and fill in the blanks with the correct words. © MP3

01 This course will teach future bookkeepers to keep accurate financial records, including accounts payable and _____ .

02 Our profits are up in areas where access to cheap, local resources is most _____ .

03 Even though I went through the report _____ , I couldn't find the information I needed anywhere.

04 Housing prices have _____ in Hong Kong where an all-time record was set last month.

05 It is immoral for teachers to _____ gifts or money in exchange for favoritism toward a student.

06 The president steadfastly claimed that the iron and steel provision wouldn't _____ a trade war.

07 The report noted that while US consumer confidence improved, house prices _____ in the third quarter.

08 We'll need to come up with a _____ plan if sales continue to decrease.

09 Each _____ made through the foreign exchange counter at the airport is recorded for tax purposes.

10 Olympic organizers are one step closer to securing the last required training _____ for the 2010 Games.

---

01 이 과정은 미래의 부기 계원들에게 지불 및 수취 계좌를 포함하여 정확한 재무 기록을 보관하도록 가르친다. 02 우리의 수익은 값싸게 접근할 수 있고 현지 자원이 가장 일반적인 지역에서 높다. 03 그 보고서를 철저하게 살펴봤지만 어디에서도 내가 필요한 정보는 찾을 수 없었다. 04 홍콩의 주택 가격이 치솟아 지난달 사상 최고치를 기록했다. 05 교사들이 학생을 편애하는 대가로 선물이나 돈을 요구하는 것은 부도덕한 것이다. 06 대통령은 철과 강철 관련 규정이 무역 전쟁을 야기하지는 않을 것이라고 경고하게 주장했다. 07 그 보고에 의하면 미국 소비자 신뢰도는 향상되었으나 3분기에 주택 가격은 하락했다. 08 판매가 계속해서 감소한다면 우리는 비상 대책을 마련해야 할 것이다. 09 공항 환전소를 통해 이루어진 각 거래는 세금 목적으로 기록된다. 10 올림픽 주최측은 2010년 올림픽을 위해 최종적으로 필요한 훈련장을 확보하는데 한 걸음 더 가까이 갔다.

Review Test

Choose the best answer and complete the sentence.

01 Reusable bags have been credited with an overall _____ in stores' plastic bag orders.

(A) recognition (B) restriction (C) reduction (D) convention

02 Leno Inc. said Thursday, however, that the _____ economy has forced it to delay expansion plans.

(A) sluggish (B) significant (C) spacious (D) severe

03 The Ministry of Immigration is holding back on _____ biometric alien cards until the start of next year.

(A) reversing (B) issuing (C) triggering (D) suspending

04 After a _____ never-ending series of problems, the World Cup is finally set to begin as scheduled.

(A) preparatory (B) seemingly (C) securely (D) positively

05 Newtech.com is doing comprehensive, live _____ of the huge annual Consumer Electronics Show in Las Vegas.

(A) coverage (B) custody (C) consent (D) courier

06 _____ turbulence injured four flight attendants and forced the plane to make an emergency landing.

(A) Severe (B) Rigid (C) Successful (D) Revised

07 Voter _____ was high; in fact, it was the best turnout since 1932, when 73% of voters cast a ballot.

(A) scheme (B) segment (C) tenant (D) turnout

08 The marketing _____ has come up with a highly creative way to reach out to new customers.

(A) division (B) function (C) content (D) revenue

---

01 재활용 봉투 사용은 상점의 비닐 봉투 주문의 전체적인 감소 덕분이다. 02 그러나 Leno 사는 목요일 침체된 경기 때문에 확장 계획을 연기할 수밖에 없다고 말했다. 03 이민국은 생체 인식 외국인 증명 카드를 내년 초까지 발행하지 않을 예정이다. 04 끝나지 않을 것처럼 보이던 여러 가지 문제들이 일어나고서 월드컵은 마침내 예정대로 시작할 준비를 마쳤다. 05 Newtech.com은 라스베이거스에서 매년 열리는 대규모 Consumer Electronics Show를 생중계하고 있다. 06 심한 난기류로 네 명의 승무원이 다쳤고 비행기는 비상 착륙을 해야 했다. 07 투표율은 높았다. 사실상 유권자 중 73%가 투표를 했던 1932년 이후 최고의 투표율이었다. 08 마케팅 부서는 새로운 고객에게 다가가기 위한 상당히 창의적인 방법을 생각해냈다.

09 MGU, the world's largest record company, _____ the popular website YouNews is violating copyright laws.

(A) constraints   (B) contends   (C) corresponds   (D) contaminates

10 Students will write a _____ essay supporting the pro or con position on the role of the federal government.

(A) persuasive   (B) spectacular   (C) prevalent   (D) coordinate

11 A new service from Wacker combines elements of radio and portable music to let people _____ what they listen to.

(A) convince   (B) contact   (C) construct   (D) customize

12 The new resource library will be _____, having at least 10 times the floor and study space of its predecessor.

(A) favor   (B) genuine   (C) unbiased   (D) spacious

13 The BBC Digital Archives features a _____ of rare television clips spanning 1999 through 2009.

(A) selection   (B) faction   (C) suspect   (D) contrast

14 Keep an eye on your kids, they may put their hands in their mouths and may not wash _____.

(A) generally   (B) harmlessly   (C) recently   (D) thoroughly

15 A single bad experience connected to a smell quickly teaches the nose to identify and _____ the scent.

(A) distinguish   (B) distract   (C) restructure   (D) restrain

16 More than 3,000 U.S. and European retail stores use wireless systems _____ to hacking.

(A) vulnerable   (B) unwavering   (C) widespread   (D) unwilling

09 세계 최대의 음반 회사인 MGU는 인기 있는 웹사이트인 YouNews가 저작권법을 위반하고 있다고 주장한다. 10 학생들은 연방 정부의 역할에 대한 찬성 또는 반대를 뒷받침하는 설득력 있는 에세이를 써야 한다. 11 Wacker의 새로운 서비스는 사람들이 각자 듣고 싶은 것에 맞출 수 있도록 라디오와 휴대용 음악의 요소를 결합한다. 12 새로운 자료실은 이전의 바닥과 학습 공간에 비해 최소 10배 넓어질 것이다. 13 BBC 디지털 기록 보관소에는 1999년부터 2009년에 걸친 희귀한 텔레비전 영상 모음이 담겨 있다. 14 아이들은 손을 입에 넣고 깨끗이 씻지 않을 수도 있으므로 세심하게 살펴야 한다. 15 냄새와 관련된 단 한 번의 나쁜 경험으로 코는 순식간에 그 냄새를 감지하여 구별할 수 있게 된다. 16 3천 개 이상의 미국과 유럽의 소매점들은 해킹에 취약한 무선 시스템을 사용한다.

Answers

Day 01

01 appropriate
02 accelerate
03 adhere
04 chronic
05 cancellation
06 broaden
07 incidental
08 downturn
09 commence
10 depicts

Day 02

01 accurately
02 enhanced
03 accomplish
04 classified
05 alleviate
06 browsing
07 incompetence
08 endeavor
09 inventory
10 outlook

Day 03

01 abstract
02 approximate
03 considerably
04 adjust
05 compulsory
06 collaborate
07 fiscal
08 inevitable
09 outstanding
10 incorporate

Day 04

01 alternative
02 adapt
03 apparel
04 compatible
05 adopt

06 boost
07 incredible
08 detect
09 permanent
10 designate

Day 05

01 acknowledge
02 effective
03 markedly
04 appointment
05 bounce
06 interpersonal
07 incentive
08 obligatory
09 prolonged
10 interferes

Day 06

01 dispute
02 investigation
03 affix
04 assessment
05 anticipate
06 component
07 inaccurate
08 delegate
09 implement
10 modify

Day 07

01 adversely
02 refrain
03 densely
04 questioned
05 consecutive
06 asserts
07 demolished
08 overdue
09 profession
10 caution

Day 08

01 affluent
02 reimburse

03 conventional
04 inherently
05 enormous
06 appearance
07 assignment
08 diminish
09 dimension
10 overlooked

Day 09

01 mutually
02 alter
03 appliances
04 assured
05 magnificent
06 comply
07 disciplines
08 relevant
09 imply
10 procedures

Day 10

01 ample
02 friendly
03 amend
04 impending
05 arranged
06 insecure
07 marginal
08 entitled
09 indicate
10 oversee

Day 11

01 attract
02 multiple
03 concluded
04 expand
05 profits
06 foster
07 inhale
08 sufficient
09 necessity
10 remarks

Day 12

01 instant
02 notable
03 condense
04 potential
05 extinction
06 progress
07 integrate
08 tangible
09 renovate
10 replace

Day 13

01 previously
02 conform
03 define
04 controversial
05 proportion
06 substantial
07 monopolies
08 protest
09 subscribe
10 standpoint

Day 14

01 promptly
02 conditions
03 consolidate
04 steady
05 defective
06 influence
07 superficial
08 lengthen
09 objective
10 submit

Day 15

01 liable
02 congestion
03 prospective
04 exempt
05 install
06 insufficient
07 Streamlining
08 occupations

09 resignation
10 Surplus

Day 16

01 Contrary
02 customize
03 simultaneously
04 plunged
05 grasp
06 perspective
07 recipients
08 terminate
09 evacuation
10 Tenants

Day 17

01 constraints
02 solely
03 functions
04 restrain
05 unwavering
06 reduction
07 withdraw
08 exception
09 substitute
10 turnout

Day 18

01 distracts
02 correspondence
03 significant
04 spontaneous
05 unbiased
06 restricted
07 vulnerable
08 yields
09 contends
10 testimonial

Day 19

01 persuasive
02 severe
03 presented
04 restructure
05 uncertain

06 suffer
07 transform
08 revenue
09 waived
10 merchandise

Day 20

01 receivable
02 prevalent
03 thoroughly
04 skyrocketed
05 solicit
06 trigger
07 waned
08 contingency
09 transaction
10 venue

▶ Review Test

Week 1

01 (C) 02 (A) 03 (B) 04 (C)
05 (D) 06 (D) 07 (B) 08 (A)
09 (C) 10 (D) 11 (C) 12 (D)
13 (B) 14 (A) 15 (C) 16 (B)

Week 2

01 (D) 02 (B) 03 (D) 04 (C)
05 (D) 06 (D) 07 (B) 08 (B)
09 (A) 10 (B) 11 (B) 12 (A)
13 (A) 14 (D) 15 (B) 16 (A)

Week 3

01 (A) 02 (C) 03 (B) 04 (D)
05 (A) 06 (D) 07 (B) 08 (A)
09 (B) 10 (D) 11 (A) 12 (C)
13 (B) 14 (D) 15 (D) 16 (C)

Week 4

01 (C) 02 (A) 03 (B) 04 (B)
05 (A) 06 (A) 07 (D) 08 (A)
09 (B) 10 (A) 11 (D) 12 (D)
13 (A) 14 (D) 15 (A) 16 (A)

토익 보카 공부하는 방법

토익
800⁺
필수보카

Appendix

짝지어 다니는 중요 빈출 어휘 300선

700

800

900

TOEIC 시험에는 늘 짝을 지어 다니는 〈명사 + 명사〉, 〈형용사 + 명사〉가 있다. 지난 10년간 TOEIC 시험에 출제된 〈명사 + 명사〉와 〈형용사 + 명사〉 표현 중 자주 출제되는 것들만 뽑아 만든 리스트이다. 시험 전 암기하여 100점을 가뿐히 UP 시키자!

중요 기출 표현 〈명사 + 명사〉 150선

1 a representative director 대표 이사

2 absence policy 결근 규칙

3 an investment strategy 투자 전략

4 application fee 신청비, 지원비

5 application form 신청서

6 application tray 신청서 구비함

7 aptitude test 적성 검사

8 assembly line 조립 라인

9 asset management 자산 관리

10 budget allocation 예산 배분

11 budget constraints 예산 제약

12 budget surplus 예산 흑자

13 car maintenance 자동차 정비

14 cash reserves 현금 보유고

15 charity event 자선 모임

16 charter plane 전세 비행기

17 city council 시의회

18 communication network 통신망

19 community relations 공동체 관계

20 complaint form 고객 불만 접수 서류

21 concierge service 고객 담당 서비스

22 confidentiality policy 보안 정책

23 confirmation number 예약 확인 번호

24 contract negotiations 계약 협상

25 corruption charges 부패 혐의

26 course evaluation 강의 평가

27 courtesy bus 셔틀버스

28 credit history 신용 기록

29 customs declaration 세관 신고

30 customs duties 관세

31 customs office 세관

32 customs officer 세관원

33 customs regulations 관세 규정

34 data-processing 데이터 처리

35 data transfer 데이터 전송

36 delivery company 택배 회사

37 disembarkation card 입국 신고서

38 emergency evacuation 비상 대피

39 employee morale 직원 사기

40 employee retention 직원 보유

41 enrollment form 등록 양식

42 evaluation form 평가서

43 executive meeting 임원 회의

44 expiration date 만기일

45 facilities management 기능[시설] 관리

46 fee collection 요금 징수

47 foreign exchange holdings 외환 보유고

48 fossil fuel 화석 연료

49 **fringe benefits** 복리 후생비

50 **fuel consumption** 연료 소비

51 **fuel efficiency** 연료 효율성, 연비

52 **fuel emission** 연료 배기

53 **fund-raising activities[drive]** 자금 조달 활동

54 **gene-sequencing technique** 유전자 배열 기술

55 **glass ceiling** (여성이나 소수 인종에 대한) 승진 상한선, 보이지 않는 차별

56 **consulting firm** 컨설팅 업체

57 **group rate** 단체 요금

58 **growth potential** 성장성, 성장 잠재력

59 **hospitality industry** 서비스업

60 **influenza vaccination** 감기 예방 접종

61 **installation charge** 설치 비용

62 **installation direction** 설치 방법

63 **installment payment** 할부금

64 **job appraisal** 업무 평가

65 **living environment** 거주 환경

66 **labor dispute** 노사 쟁의, 노사 분규

67 **long distance call** 장거리 전화

68 **labor union** 노동 조합

69 **land taxation system** 토지 세제

70 **legal division** 법률 부서

71 **life expectancy** 평균 기대 수명

72 **life guarantee** 평생 보증

73 **life preserver** (구명 조끼 등의) 구명 기구

74 **maintenance section** 관리부

75 **management fee** 관리 비용

76 **management office** 관리실

77 **market awareness** 시장 인지도

78 **maternity leave** 여성의 출산 휴가 (cf. paternity leave 남성의 출산 휴가)

79 **motion sickness** 멀미

80 **niche market** 틈새 시장

81 **non-tariff barrier** 비관세 장벽

82 **occupancy rate** 점유율

83 **on-the-spot interview** 현장 면접

84 **overhead cost** 경상비

85 **panel discussion** 공개 토론회

86 **paper shredder** 종이 분쇄기

87 **payment option** 결제 방법

88 **performance appraisal** 수행 평가

89 **performance evaluation** 직무 평가

90 **pilot study** 예비 조사

91 **population density** 인구 밀도

92 **potential profit** 잠재 수익

93 **precipitation data** 강우량 데이터

94 **premium rate** 할증료, 특별 요금

95 **presentation material** 발표 자료

96 **preservation area** 보호 구역

97 **press conference** 기자 회견

98 **press[news] release** 보도 자료

99 **price freeze** 가격 동결

100 **product line [line-up]** 제품군

101 **product quality** 품질

102 **product recognition** 제품 인지도

103 **product reliability** 제품 신뢰도

104 **production capacity** 생산 능력

105 production efficiency 생산 능률
106 production facilities 생산 설비[시설]
107 production figures 생산 수치
108 production rate 생산율
109 production schedule 생산 일정
110 profit expectation 수익 예상치
111 project coordinator 프로젝트 진행자
112 risk management 위기 관리
113 safety inspection 안전 점검
114 safety precautions[measures, procedures] 안전 수칙[조치, 절차]
115 sales department 영업부
116 sales figures 판매 수치
117 sales letter 우편 카탈로그
118 sales promotion 판매 촉진
119 sales report 영업 보고서
120 sales representative 판매 사원
121 sales strategy 판매 전략
122 sales tax 판매세
123 sample merchandise 견본 상품
124 satisfaction survey 만족도 조사
125 security deposit 보증금
126 security service 보안 서비스
127 self motivation 자기 동기 부여, 자발성
128 staffing decision 인사 결정, 채용 결정
129 start-up cost 착수 비용
130 start-up company 신설 기업
131 stock market 주식 시장
132 storage capacity 저장 용량
133 tax return 납세 신고서

134 tax violation 조세 위반
135 team spirit 단체(협동) 정신
136 trade negotiation 무역 협상
137 traffic congestion 교통 체증
138 traffic volume 교통량
139 training session 교육 과정
140 transition time 인사 이동 시기
141 travel permit 통행 허가(증)
142 trial version 시험판 버전
143 valet parking 대리 주차
144 ventilation facility 환기 시설
145 voter turnout 출석자 수, 투표자 수
146 wage freeze 임금 동결
147 warranty repair 보증 수리
148 wire transfer 전신 송금
149 withdrawal slip 예금 인출 청구서
150 worksite supervisor 현장 감독

중요 기출 표현 〈형용사 + 명사〉 150선

1 a challenging project 힘든 계획

2 a legal guardian 후견인

3 a revised edition 개정판

4 a substantial discount 파격적인 할인가

5 a valued customer 중요한 고객

6 adverse economic conditions 불리한 경제 여건

7 allergic reactions 알레르기 반응

8 an authorized service center 공인된 서비스 센터

9 annual budget 연간 예산

10 annual parade 연례 퍼레이드

11 annual sales 연간 매출

12 annual shareholders meeting 연례 주주 총회

13 applicable taxes 적용할 수 있는 세금

14 breaking news 속보

15 breathtaking view 매우 뛰어난 경치

16 budgeting decision 예산 책정

17 challenging project 힘든 계획

18 charitable organization 자선 기관

19 chronic disease 지병, 만성병

20 clerical experience 사무 경력

21 combined efforts 결합된 노력

22 unclaimed luggage 주인을 알 수 없는 수화물

23 combined[joint] experience 함께 일한 경험

24 commercial relations 사업 관계

25 commercial value 상업적 가치

26 complimentary coupon 무료 쿠폰

27 complimentary service 무료 서비스

28 confidential material 기밀 자료

29 confirmed reservation 확정된 예약

30 considerable rewards 상당한 보수

31 critical acclaim 비평가의 호평

32 defective product[merchandise] 결함이 있는 제품

33 delicate issue 민감한 사안

34 digestive system 소화기 계통

35 disposable towel 일회용 타월

36 distinguished guest 귀빈

37 drenching rain 억수로 쏟아지는 비

38 durable material 내구성이 있는 물질

39 efficient administration 효율적인 처리

40 elaborate meals 공들인 식사

41 endangered species 멸종 위기의 종들

42 exclusive right 독점권

43 extended periods of time 연장 기간

44 federal mandate 연방 법규[명령]

45 financial setback 재정 악화

46 financial statements 재무제표

47 flat rate 균일가

48 flexible hours 유동적 근무 시간

49 friendly demeanor 친절한 태도

50 general consensus 대다수의 의견, 여론

51 ideal[promising] candidate 이상적인[유망한] 지원자

52 incidental expense 부수 비용

53 incidental income 가처분 소득

54 informed decision 현명한 결정

111 **detailed information** 상세한 정보

112 **detailed map** 상세한 지도

113 **legal advisor** 법률 자문가

114 **legal counsel** 법률 상담

115 **legal department** 법률 부서

116 **possible causes** 가능성 있는 원인

117 **postage-paid envelope** 우표가 붙은 봉투

118 **preventive measures** 예방 조치

119 **preventive discipline** 예방 교육

120 **preventive medicine** 예방 의학

121 **professional contacts** 직업상의 연줄

122 **professional achievement** 직업상의 업적

123 **professional financial advisors**
전문적인 금융 조언가

124 **promising candidate**
유망한 지원자, 후보자

125 **promotional offer** 할인 혜택, 판촉 상품

126 **repeated requests** 반복된 요청

127 **required documents** 구비 서류

128 **required response** 서면 응답

129 **revised edition** 개정판

130 **revised policy** 개정된 정책

131 **rough outline** 대략의 개요

132 **technical problem** 기술적인 문제

133 **temporary employee** 임시 직원

134 **the first priority** 최우선 순위

135 **thorough inspection** 철저한 조사

136 **unlimited mileage** 무제한 마일리지

137 **unpaved road** 비포장 도로

138 **upcoming mayoral election**
다가오는 시장 선거

139 **upcoming school year** 다가오는 학년

140 **audiovisual aids** 시청각 자료

141 **automatic withdrawal** 자동 인출

142 **classified ad** 생활 광고

143 **domestic product** 국산품, 국내 생산품

144 **dramatic increase[rise, fall]**
급격한 증가[상승, 저하]

145 **dramatic scenery** 멋진 풍경

146 **extra incentives** 추가 장려금

147 **frozen food products** 냉동 식품

148 **further details** 보다 상세한 설명

149 **hiring freeze** 고용 동결

150 **immediate supervisor** 직속상관